W0210288

SCHWARZE SCHILDKRÖTE – NORDEN

KARTE	JAHRESZEIT	HIMMELSRICHTUNG	ELEMENT	KOSTBARKEIT
17	Sommer	*Süden*	Wasser-Yin	*Beziehungen*
18	Sommer	*Südwesten*	Metall-Yang	*Neuanfang*
19	Herbst	*Westen*	Feuer-Yin	*Lebensfreude & Genuß*
20	Herbst	*Nordwesten*	Erde-Yang	*Frieden & Glück*
21	Winter	*Norden*	Holz-Yin	*Wohlstand & Ruhm*
22	Winter	*Nordosten*	Wasser-Yang	*Reichtum & Geld*
23	Frühling	*Osten*	Metall-Yin	*Weisheit & Erfahrung*
24	Frühling	*Südosten*	Feuer-Yang	*Kinder & Familie*

GRÜNER DRACHE – OSTEN

KARTE	JAHRESZEIT	HIMMELSRICHTUNG	ELEMENT	KOSTBARKEIT
25	Sommer	*Süden*	Holz-Yin	*Weisheit & Erfahrung*
26	Sommer	*Südwesten*	Wasser-Yang	*Kinder & Familie*
27	Herbst	*Westen*	Metall-Yin	*Beziehungen*
28	Herbst	*Nordwesten*	Feuer-Yang	*Neuanfang*
29	Winter	*Norden*	Erde-Yin	*Lebensfreude & Genuß*
30	Winter	*Nordosten*	Holz-Yang	*Frieden & Glück*
31	Frühling	*Osten*	Wasser-Yin	*Wohlstand & Ruhm*
32	Frühling	*Südosten*	Metall-Yang	*Reichtum & Geld*

FENG SHUI

BUCH & KARTEN-SET

風水

FENG SHUI

BUCH & KARTEN-SET

RICHARD CRAZE

BAUER

Verlag Hermann Bauer
Freiburg im Breisgau

Die Deutsche Bibliothek – CIP-Einheitsaufnahme

Craze, Richard:
Feng-Shui : Buch & Karten-Set / Richard Craze.
[Dt. von Maria Müller]. –
2. Aufl. – Freiburg im Breisgau : Bauer, 1998
Einheitssacht.: Feng-Shui ‹dt.›
ISBN 3-7626-0576-9

Die englische Originalausgabe erschien 1997 bei
Thorsons, an imprint of Harper Collins Publishers, London, unter dem Titel
Feng Shui. Book & Card Pack

Deutsch von Maria Müller
Lektorat: Ute Orth

2. Auflage 1998
ISBN 3-7626-0576-9

Satz: CSF · ComputerSatz GmbH, Freiburg im Breisgau

風水

Inhalt

Einführung

DER GRUNDSATZ des Taoismus, der alten chinesischen Religion, lautet: Was ist, das ist. Die Christen glauben an ein Leben nach dem Tod im himmlischen Paradies, die Hindus an eine Vielzahl von Göttern. Im Buddhismus ist alles Leben Leiden, und die einzige Belohnung ist das Nirwana. Für den Taoisten dagegen ist das *Jetzt* wichtig, für ihn gibt es keine Götter, Himmel und Paradiese in einer fernen Zukunft. Der taoistische »Himmel« zeigt sich in Ordnung, Harmonie, Ausgewogenheit und *Jen* – der Liebe zum Leben. Schon früh fanden die Taoisten heraus, daß Menschen, deren Haus nach Süden auf eine schöne Landschaft zeigt, glücklicher sind als andere, die nach Norden wohnen und dabei auf Hinterhöfe und Fabriken blicken. Dieses Wissen wurde zu einer ausgefeilten Kunst entwickelt – dem *Feng Shui*, was wörtlich »Wind und Wasser« bedeutet, entsprechend dem Ch'i-Begriff der Chinesen. Wenn die Lebenskraft *Ch'i* gut fließt, sind wir gesund, glücklich und in Harmonie. Schlecht fließendes Ch'i (also zu starke oder zu schwache Lebenskraft) stört die Gesundheit, das Glück und die Ordnung. Feng Shui ist die Kunst, den Ch'i-Fluß zu korrigieren.

Der Buddha bringt Stille in sein Umfeld.

Das vorliegende Buch basiert auf den alten Grundlagen des Feng Shui. Mit seiner Hilfe können Sie den Ch'i-Fluß zu Hause, in Büro oder Garten verbessern. Die einfachen Richtlinien und Heilmittel ermöglichen es Ihnen, sowohl zu Hause als auch im Büro die Harmonie aufzubauen, nach welcher die Taoisten streben. Sobald schlecht oder zu schnell fließendes Ch'i korrigiert wird, stellt sich eine unmittelbare Verbesserung ein, auch in unserer geistigen Sicht der Dinge: Wir sind energiegeladen, kreativer und positiver. Manchmal reicht es aus, irgendeine Kleinigkeit im Raum umzustellen, und schon fühlen wir uns wohler. Wenn Ch'i in gerade Linien kanalisiert wird, kann die Harmonie verlorengehen, denn es liegt in der Natur der Dinge, daß alles – auch das Ch'i – lieber in sanft geschwungenen Bahnen fließt. Wenn das nicht möglich ist, ist das Ergebnis z. B. ein Haus, das sich einfach »verkehrt anfühlt« – keiner weiß warum, aber dennoch stimmt etwas nicht. Oder ein Geschäft läuft einfach nicht, obwohl alles richtig gemacht wird; ein Garten, der zwar schön, gepflegt und gut angelegt ist, wirkt dennoch kalt und nicht sehr einladend. Feng Shui ist die Kunst zu wissen, *was* überprüft werden muß: So wird instinktives Wissen zu konkret anwendbarem praktischen Wissen, mit dessen Hilfe Sie Ihr Leben harmonischer gestalten können.

Durch sorgfältiges Einrichten kann in einem Zimmer der Ch'i-Fluß gestärkt werden.

Wenden Sie Feng Shui überall an: zu Hause, um Ihr Familienleben einfacher und harmonischer zu gestalten; im Büro oder bei Geschäften, um finanziellen Erfolg zu unterstützen; im Garten, um Ihre Freizeit besser genießen zu können. Ganz gleich, welches Ziel Sie verfolgen: Die Prinzipien sind immer die gleichen.

In Hongkong würde niemand ein Geschäft eröffnen oder in ein neues Haus ziehen, ohne sich zuvor von einem Feng-Shui-Fachmann beraten zu lassen. Mit diesem Büchlein können auch Sie jetzt den Energiefluß in Haus, Büro und Garten überprüfen und lernen, ihn zu korrigieren.

Die Grundlagen des Feng Shui

NACH DEM taoistischen Glauben war da zuerst der *Geist* oder *Himmel,* dargestellt als Kreis. Dann kam die *Materie,* die *Erde* – ein Quadrat in diesem Kreis. Sie wurde als *Yin* bezeichnet und vereinfacht als unterbrochene Linie dargestellt (– –). Der Geist war *Yang* und wurde als durchgehende Linie (—) symbolisiert. Diese beiden Zeichen wurden der chinesischen Kalligraphie nachempfunden. Aus der einfachen Weisheit von Himmel und Erde entstand die Philosophie von Yin und Yang: Dunkelheit und Licht, Kälte und Wärme, männlich und weiblich, Norden und Süden, Nacht und Tag. Diese beiden entgegengesetzten Prinzipien bekämpfen einander nicht, sondern ergänzen sich. Das eine kann nicht ohne das andere sein, erst beide zusammen ergeben ein vollständiges Universum. Deshalb enthält das Yin-Yang-Symbol im weißen Feld einen schwarzen Punkt und umgekehrt.

Das Yin des Nordens ergab zusammen mit dem Yang des Südens den Frühling und den Osten. Yang brachte in Kombination mit Yin den Herbst und den Westen hervor. Diese vier Haupthimmelsrichtungen und Jahreszeiten wurden miteinander kombiniert. Es entstanden die acht Himmelsrichtungen, von denen jede ihr eigenes, auf den ursprünglichen Yin- und Yang-Li-

Das Yin-Yang-Symbol zeigt die beiden komplementären Prinzipien.

Feuer (Yang) und Wolke (Yin) sind in dieser taoistischen Zeichnung ausgewogen.

Aus Yin und Yang entsteht der Frühling.

nien aufbauendes *Trigramm* (ein Symbol aus drei Linien) erhielt. Die Grundlinie steht für die Erde, die obere Linie für den Himmel und die mittlere Linie für den Menschen. Den Himmelsrichtungen wurden unterschiedliche Qualitäten zugesprochen.

Yang plus Yin ergibt den Herbst: die Ergänzung zum Frühling.

Von Yin und Yang zu den acht Trigrammen.

Aus diesen acht Trigrammen, die im Kreis um das Yin-Yang-Symbol angeordnet wurden, entstand das *Pah Kwa,* das »Symbol des Allerhöchsten«. Dieses sehr wichtige chinesische Symbol ist die Basis des Feng Shui. Die acht Trigramme können in 64 ver-

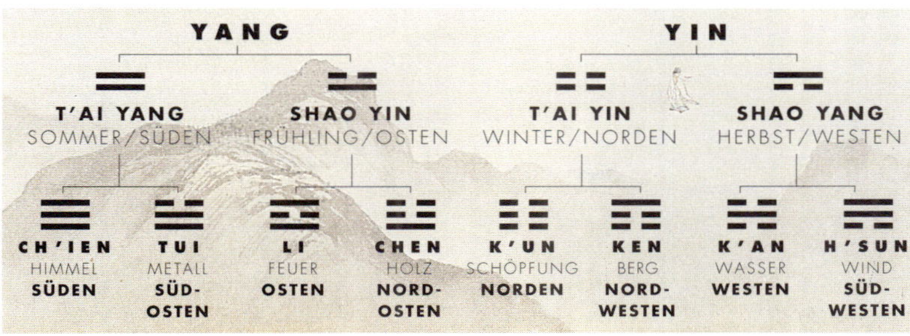

schiedenen *Hexagrammen* (mit je sechs Linien) kombiniert werden, die auch die Grundlage des altchinesischen Orakels *I Ging* bilden. Dieses wohl älteste Buch der Menschheit wurde ca. 3000 v. Chr. geschrieben und diente ursprünglich als landwirtschaftlicher Almanach. Der Autor, Fu Hsi, soll die acht Trigramme auf dem Rückenpanzer einer Schildkröte entdeckt haben. Ca. 1000 v. Chr. schrieb der König Wen eine Reihe von Abhandlungen über die Hexagramme, und von da an wurde das *I Ging* als Orakel eingesetzt. Noch heute ist es auf der ganzen Welt in Gebrauch.

Ch'i, die universale Lebensenergie, fließt zwischen Geist und Materie. Sie ist weder Yin noch Yang, sondern verstärkt beide Kräfte. Das Ch'i fließt entlang der *Lung Mei* (»Drachenadern«). Es ist ständig in Bewegung zwischen Yin und Yang, um die Natur ins Gleichgewicht zu bringen. Gut fließendes Ch'i bedeutet ein reiches Leben; blokkiertes Ch'i bringt Unglück und

Die Anordnung der acht Trigramme um das Pah Kwa ist die Grundlage für alle Feng-Shui-Berechnungen.

Zerstörung. Ch'i fließt am liebsten in sanft geschwungenen Bahnen und nicht geradeaus. In ihm bleibt für kurze Zeit ein flüchtiger Eindruck von allem zurück, was es umfließt. Wenn ein Haus also einem Friedhof oder Schlachthof gegenüberliegt, belastet das auch das Ch'i, was sich auf das Haus auswirkt. Deshalb muß das Ch'i gereinigt werden, z. B. indem man es um Pflanzen oder um einen kleinen Teich herumleitet, bevor es das Haus erreicht. Umgekehrt gilt das gleiche: Ch'i, das von einem schönen Platz – einem Hügel mit Feldern und Tälern und einem Fluß in der Nähe – zum Haus fließt, bringt diese Energie mit, und Sie werden davon profitieren.

Auch aus den Himmelsrichtungen fließt unterschiedliches Ch'i. Das Ch'i vom Norden – aus dem Reich der Schwarzen Schildkröte – ist schläfrig, das vom Süden – aus dem des Roten Phönix – sehr lebendig. Das West-Ch'i – das Ch'i des Weißen Tigers – ist unberechenbar, und das Ost-Ch'i – das des Grünen Drachen – hat eine nährende Qualität. Diese vier Tiere repräsentieren den Fluß des Ch'i. Die Schildkröte hält im Winter ihren Winterschlaf und steht deshalb für das schläfrige Nord-Ch'i. Tiger dagegen sind unberechenbar, so wie das Ch'i, das vom Westen kommt. Der Phönix ist ein Symbol für Optimismus. Wie unsere Pläne und Ambitionen kann auch er zugrunde gehen; doch das Ch'i des Südens bringt immer wieder neues Leben und neue Hoffnung. In China ist der Drache ein Glückssymbol, ein Wächter des Glücks, der uns unser ganzes Leben lang nährt.

Norden und Westen haben Yin-, Süden und Osten Yang-Qualität – ein wesentlicher Faktor für die Lage eines Hauses oder Büros. Im Idealfall zeigt die Eingangstür nach Süden, so daß all das lebendige Ch'i herein kann. Eine Nordlage bringt schläfriges Ch'i mit sich, d. h. genau über der Eingangstür wäre

Ihr Zuhause ist zwischen den vier chinesischen Tiersymbolen eingebettet, die für die vier Himmelsrichtungen stehen.

etwas Bewegliches wie ein Windspiel gut, um das Ch'i zu beleben. Liegt die Tür nach Westen? Dann kann das unberechenbare Tiger-Ch'i mit Hilfe eines Spiegels umgelenkt werden. Ein Eingang, der nach Osten zeigt, macht den Weg frei für das schützende, weise Ch'i des Grünen Drachen.

Es gibt also Hilfsmittel, damit das Ch'i harmonisch fließen kann. Sorgen Sie dafür, daß es keine Ecken, geraden Linien, ungenutzten Bereiche, vollgestopften Zimmer gibt und die Farben sich nicht beißen. Es lohnt sich, sich über die Harmonie zu Hause und im Büro ein paar Gedanken zu machen, damit das Ch'i hereinfließen, sich im und um das Haus bewegen und es auch wieder verlassen kann. Blockiertes oder zu schnell fließendes Ch'i macht die heilsame Kraft der Lebensenergie zunichte. Gehen Sie doch einmal durch die Wohnung, versetzen Sie sich in die Lage des Ch'i: Ist ein freier und harmonischer Energiefluß möglich?

Ch'i und die Acht Kostbarkeiten

CH'I IST die universale Lebensenergie; sie umgibt uns alle und bringt Gesundheit und Glück. Ch'i fließt am liebsten in harmonischen Bahnen, kann aber auch zum Stillstand kommen, störend oder gar gefährlich werden. Schlecht fließendes Ch'i wird als *Sha* bezeichnet – »widerlicher Dunst« – und kann Gesundheit und Glück beeinträchtigen. Es muß dann wieder in einen harmonischen Fluß gebracht werden.

Wenn wir unsere Wohnung, den Garten, das Büro in acht Bereiche aufteilen und jedem eine der »Acht Kostbarkeiten« zuordnen, brauchen wir für jede eine andere Ch'i-Qualität. Um sich das einmal zu verdeutlichen, können Sie sich z. B. in die Mitte Ihrer Wohnung stellen.

Die Richtung, in die die Eingangstür, der Empfangsbereich im Büro oder das Gartentor zeigt,

CH'I-ARTEN

Für die Arbeit mit dem Feng Shui sollten Sie sich die acht Ch'i-Arten gut einprägen: Sie sind alle gut für uns, haben aber unterschiedliche Qualitäten:

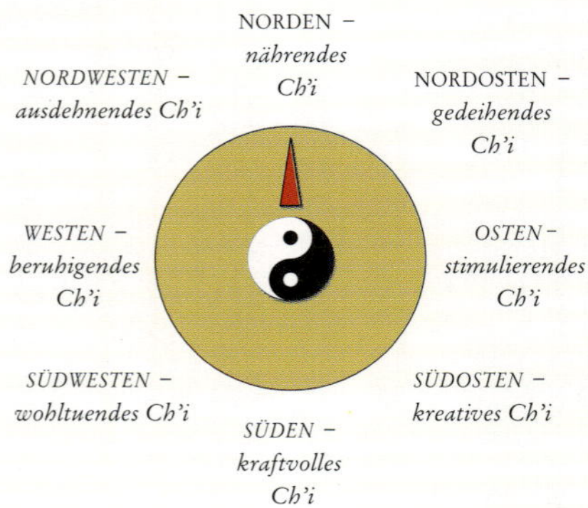

Wohnung, Büro oder Garten können in acht Bereiche unterteilt werden, die unterschiedliche Lebensbereiche widerspiegeln.

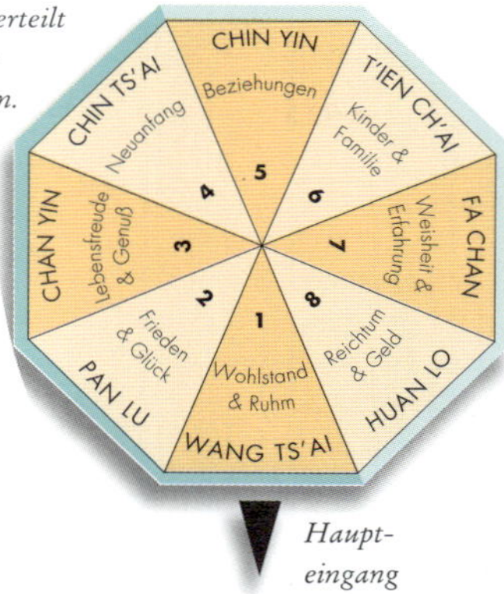

ist der Bereich der Kostbarkeit Nr. **1: Wang Ts'ai, Wohlstand und Ruhm.** Der Bereich hinter Ihnen ist Nr. **5: Chin Yin, Beziehungen.** Links von Ihnen befindet sich Nr. **7: Fa Chan, Weisheit und Erfahrung.** Zu Ihrer Rechten ist Nr. **3: Chan Yin, Lebensfreude und Genuß.** Links daneben befindet sich Nr. **2: Pan Lu, Frieden und Glück.** Zwischen 3 und 5 liegt Nr. **4: Chin Ts'ai, Neuanfang.** Die Nr. **6** ist **T'ien Ch'ai, Kinder und Familie.** Und schließlich kommt zwischen 7 und 1 die Nr. **8: Huan Lo, Reichtum und Geld.** In chinesischen Läden ist dies der traditionelle Platz für die Kasse.

Diese Kostbarkeiten gelten für ein ganzes Haus, einen einzelnen Raum, ein Büro oder einen Schreibtisch. Wang Ts'ai ist immer in Ihrer Blickrichtung und Chin Yin hinter Ihnen. Idealerweise zeigt das Haus bzw. das Büro nach Süden. Wenn es nicht so ist, können Sie einfach von einer anderen Ch'i-Art profitieren. Das aus Nordwesten hereinfließende Ch'i hat eine expansive, das Ch'i aus dem Nordosten eine gedeihende Qualität. Machen Sie doch einmal einen Plan von Ihrer Wohnung oder Ihrem Büro mit den Acht Kostbarkeiten bzw. Himmelsrichtungen. Welches Ch'i befindet sich wo?

Das Ch'i hoher Berge heißt Yao Shan.

So finden Sie die Acht Kostbarkeiten heraus: Zeichnen Sie einen Plan, und unterteilen Sie

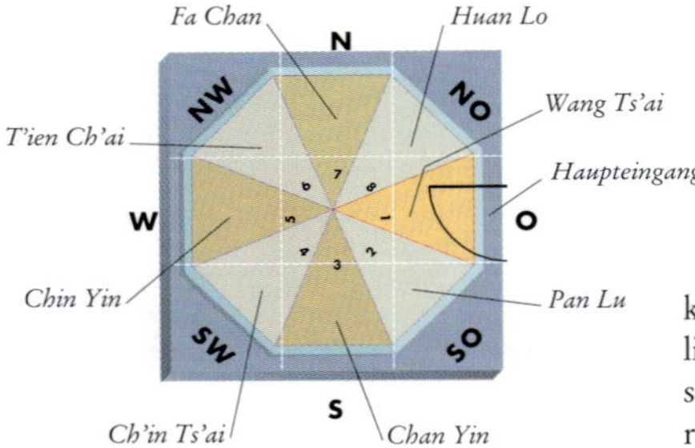

Unterteilen Sie Ihren Plan in acht Bereiche für die Acht Kostbarkeiten. Wang Ts'ai liegt dabei immer im Bereich des Haupteingangs.

ihn in acht Bereiche. Wang Ts'ai liegt im Eingangsbereich. Das gleiche gilt für einzelne Zimmer oder Ihren Schreibtisch. Wang Ts'ai befindet sich immer an der Vorderseite, also an der Zimmertür bzw. dem Teil des Schreibtisches, der direkt vor Ihnen liegt. Dann können Sie sehen, was sich in den einzelnen Bereichen befindet und ob dies günstig ist. Wünschen Sie sich, daß Ihre Kunden ständig anrufen und Ihnen Arbeit bringen? Dann stellen Sie Ihr Telefon an die rechte untere Ecke Ihres Schreibtisches – den Bereich von Reichtum und Geld, Huan Lo – und nicht nach links in den Bereich von Chan Yin, Lebensfreude und Genuß – es sei denn, Sie legen Wert auf viele nette Anrufe von Ihren Freunden. Den Computer können Sie in die linke obere Ecke stellen – den Bereich Chin Ts'ai, Neuanfang. Das Photo Ihrer Lieben kommt rechts von der Mitte hinten auf den Schreibtisch, auf den Platz von T'ien Ch'ai, Kinder und Familie.

Ganz gleich, welchen Raum oder Platz Sie überprüfen: Der Eingang ist – unabhängig von der Himmelsrichtung – immer der Wang-Ts'ai-Bereich. Dennoch gilt, daß Wang Ts'ai im Süden immer am günstigsten ist. Er läßt das kraftvolle, lebendige Ch'i des Südens einfließen. Eine andere Richtung bringt anderes Ch'i mit sich. Mit dem Eingang bzw. Wang Ts'ai im Westen – also offen für das beruhigende West-Ch'i – befindet sich Chan Yin (Lebensfreude und Genuß) im

Die Richtung, in die der Haupteingang liegt, wirkt sich wesentlich auf die Atmosphäre im Haus oder Büro und auf Ihr Glück aus.

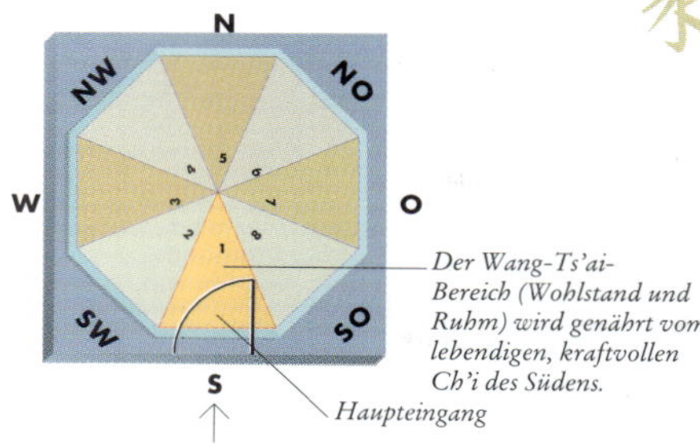

Süden und profitiert von diesem kraftvollen Süd-Ch'i – nicht unbedingt wünschenswert fürs Lernen, aber um so besser für Ihre Party.

Für Geschäfte könnte Ihr Chin Yin (Beziehungen) gut für Ihre Kontakte zu anderen Unternehmen sein. Das Chin Ts'ai (Neuanfang) kann für Neuverhandlungen von Verträgen stehen. Hoffentlich liegt Ihr eigenes Büro in Pan Lu (Frieden und Glück) und nicht in Chan Yin (Lebensfreude und Genuß). Dieser Platz ist eher für die Bürokaffeemaschine geeignet.

Ihr Lieblingsplätzchen im Garten sollte im Chan Yin (Lebensfreude und Genuß) liegen, die Gartenwerkzeuge könnten Sie im T'ien Ch'ai (Kinder und Familie) aufbewahren; Setzlinge und Samen gehören am besten ins Chin Ts'ai (Neuanfang). Das Gartentor ist immer im Wang

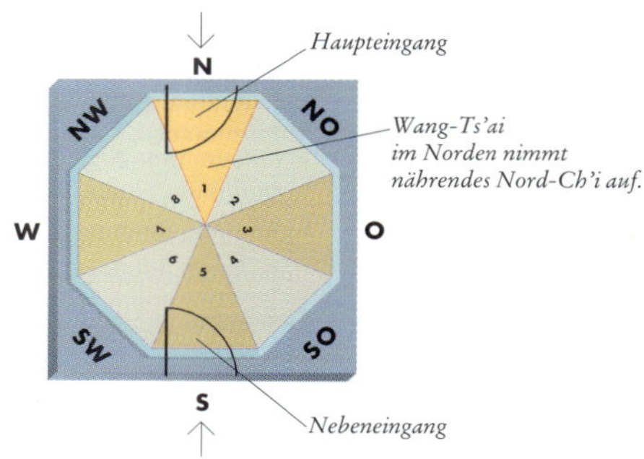

Ts'ai (Wohlstand und Ruhm). Im Huan Lo (Reichtum und Geld) ist ein guter Platz für eine Sonnenuhr, als Symbol dafür, daß Zeit wichtiger ist als weltlicher Reichtum.

Sha

Gut fließendes Ch'i bringt Gesundheit, schlecht fließendes Ch'i Unglück. Gerade Linien, Gefängnisse, Schlachthöfe, Friedhöfe, zu hohe, zu niedrige oder unausgewogene Gebäude in der Nähe, zu schnell und zu gerade fließendes Wasser (z. B. ein Kanal), zuviel Dunkelheit durch zu viele Bäume, zuviel Licht durch zu wenige Bäume, gerade auf uns zulaufende Straßen, schneller, dichter Verkehr, Freileitungen, Fabrikhallen, Kraftwerke und ähnliche Gebäude – all das kann den Ch'i-Fluß stören.

Um herauszufinden, ob unser Ch'i zu Sha geworden ist, stellen wir uns mit dem Gesicht nach Süden in die Mitte der Wohnung bzw. des Büros. Was passiert dort? Woher kommt das auf uns zufließende Ch'i? Wie fühlt es sich an? Blicken Sie in alle acht Himmelsrichtungen: Was befin-

SHA-ARTEN

Schlecht fließendes Ch'i wird Sha genannt.
Jede Himmelsrichtung erzeugt ihr eigenes Sha:

det sich dort? Welche Erfahrungen machen Sie mit jeder dieser Richtungen? Vielleicht fühlen sich sieben davon gut an, aber im Nordwesten wohnt ein Nachbar, der manchmal Ärger macht. Das Ch'i dort ist zu unberechenbarem Sha geworden und muß wieder »geheilt« werden. Oder im Südosten führt eine Straße direkt auf Sie zu. Dadurch wird das provozierende Sha kanalisiert, und deshalb sind Sie öfters gereizt. Falls Ihr Haus/Büro nach Westen zeigt, fällt in diesen Bereich das T'ien Ch'ai (Kinder und Familie), und Sie haben Ihren Unmut vielleicht an Ihrer Familie ausgelassen. Helfen Sie sich mit einem Feng-Shui-Mittel, das macht Sie ausgeglichener und freundlicher.

Mit Feng Shui können Sie Ihr Familienleben harmonischer gestalten.

Nur Ch'i, das zu Sha geworden ist, muß geheilt werden. Und Sie selbst müssen herausfinden, ob dem so ist – je nachdem wie Sie die acht Himmelsrichtungen erleben.

Probleme in einem bestimmten Lebensbereich weisen darauf hin, daß das Ch'i schlecht fließt und zu Sha geworden ist. So läuft z. B. alles bestens – Beruf, Beziehungen, Geld, Weisheit, Glück und Lebensfreude. Dennoch sind Sie gelangweilt, unruhig und frustriert, Ihnen fehlt die Herausforderung. Etwas ist also offensichtlich gar nicht in Ordnung, ohne daß Sie genau sagen könnten, was. Testen Sie die Acht Kostbarkeiten. Vielleicht stellt sich heraus, daß der Chin-Ts'ai-

Bereich (Neuanfang) genau dort hinten liegt, wo sich die dunkle, kaum genutzte Werkstatt befindet. Ein bißchen neue Farbe, einmal gründlich aufräumen, und schon können Sie diesen Platz mit Pflanzen füllen und zu Ihrem Wintergarten umgestalten. Plötzlich haben Sie wieder mehr Energie, langweilen sich nicht mehr so fürchterlich, gehen mit Begeisterung an ein neues Projekt. – Sie pflanzen Bonsais und freuen sich über Ihr neues Hobby.

Das Ch'i in einem Raum kann sich auch verändern. Wenig genutzte Stellen bringen es zum Stillstand. Ein allzu langer, gerader Korridor im Obergeschoß macht das Ch'i übermächtig. Schlecht beleuchtete oder unordentliche Stellen, grelle, sich beißende Farben, zu gerade verlaufende Möbel, dunkle, ungenutzte Ecken, Türen, die in Hallen oder Korridore führen, nicht

EINE FALLGESCHICHTE

Alles ist wunderbar, außer im Fa Chan, dem Bereich von Weisheit und Erfahrung. Sie überprüfen die Wohnung, und es stellt sich heraus, daß Sie in diesem Bereich Ihre Holzscheite und Kohlen für den Winter stapeln. Sie haben also jeden Winter Ihre Weisheit und Erfahrung verbrannt! Suchen Sie sich für Ihr Brennholz einen besseren Platz, und verwandeln Sie die Stelle z. B. in eine kleine Bibliothek – mit Ihren Lieblingsbüchern über Kräuter und Küchengärten. Es wird nicht lange dauern, und Sie werden immer wieder um Rat gefragt und haben zufällig genau das richtige Buch zur Hand. Das wiederholt sich, und schon bald haben Sie einen guten Ruf als Kräuter-Experte. Schließlich meldet sich ein Verleger bei Ihnen und bietet Ihnen an, ein Buch darüber zu schreiben. ⊗

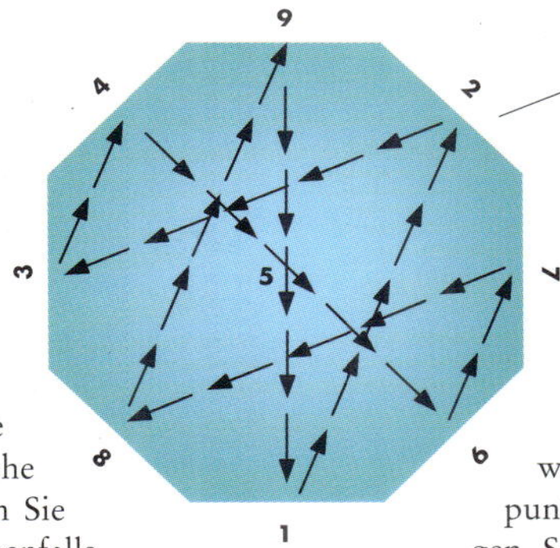

Sie gehen entlang der Pfade von 1 bis 9 in die Bereiche der einzelnen Kostbarkeiten.

Im T'ien-Chai-Bereich überprüfen Sie Ihr Familienleben.

hergerichtete, verschmutzte Bereiche, abgenutzte und kaputte Dinge, grelle, häßliche Sachen – all das sollten Sie vermeiden oder gegebenenfalls mit einem Feng-Shui-Mittel ausgleichen.

DER GANG DURCH DIE NEUN PALÄSTE

Um den Ch'i-Fluß zu überprüfen, sei dies nun in der Wohnung oder in einem einzelnen Raum, gehen Sie am besten durch die »Neun Paläste«. Sie beginnen, mit dem Gesicht zum Wang Ts'ai gewandt, dem Bereich von Wohlstand und Ruhm. Von dort gehen Sie zum T'ien Ch'ai (Kinder und Familie), schräg rechts gegenüber, und weiter, wie im obigen Diagramm beschrieben. Sie landen zum Schluß wieder am Ausgangspunkt. In jedem Bereich fragen Sie sich: Was habe ich hier? Bin ich damit glücklich? Paßt es mit dem entsprechenden Feng-Shui-Bereich zusammen? Habe ich damit im Alltag Probleme?

Wenn sich ein Bereich irgendwie problematisch anfühlt, können Sie ihn mit den nun folgenden Anleitungen (Seite 20-21) heilen.

Blockiert herumliegender Kram den Fluß des Ch'i in Ihrer Wohnung?

Die Acht Heilmittel

MIT DEN folgenden »Acht Heilmitteln« können Sie schlecht fließendes Sha harmonisieren und wieder in heilsames Ch'i umwandeln.

1 **KLANG** – kann provozierendes Sha ausgleichen, z. B. in Form von Windspielen, Glocken, Musik, dem Geräusch von fließendem Wasser und anderen melodischen, angenehmen Klängen.

2 **LICHT** – korrigiert immer schneller werdendes Sha. Abhilfe schaffen z. B. ganz einfach bessere Beleuchtung oder – noch gebräuchlicher – Spiegel. In China werden kleine achteckige Spiegel verwendet, aber jeder normale kleine Spiegel tut's auch, an einer Stelle plaziert, an der Unangenehmes reflektiert werden kann. Wer mit dem Rücken zur Tür sitzt, sollte immer einen Spiegel vor sich haben. Bei langen Korridoren wird das allzu schnell fließende Ch'i durch einen Spiegel auf halber Höhe aufgehalten.

3 **FARBE** – Harmonische, weiche Farben beruhigen störendes Sha. Durch einen leuchtenden Farbtupfer auf einem Bild oder mit bestimmten Farbkombinationen können Sie ein Zimmer harmonisieren.

4 **GERÄTE** – können unberechenbares Sha ausgleichen. Alle Werkzeuge und Arbeitsgeräte können dazu eingesetzt werden: Fernseher, Radio, Kühlschrank, Büroausstattung, eine Handsäge. Einfache Dinge wie ein Kalender sind genauso nützlich wie ein kompliziert aufgebauter Computer.

風水

5 LEBEN – Stagnierendes Sha reagiert immer auf Lebendiges: Pflanzen, ein Aquarium, Vögel, Hunde oder Katzen (Obwohl Tiere natürlich kaum an einer Stelle sitzen bleiben!) – alles Lebendige hilft. Verwenden Sie Pflanzen ohne scharfkantige, spitze Blätter. Die Anzahl der Fische in einem Aquarium sollte immer ungerade sein.

6 STILLE – Traditionell wird mit einer Buddha-Figur übermächtiges Sha beruhigt. Doch jedes schöne Objekt hilft: ein Stück Treibholz, große Steine, Kieselsteine, einfache Ornamente, Statuen, eine exotische Maske. Fällt das Objekt anderen auf? Dann ist es genau richtig.

7 GERADE LINIEN – sind nützlich, um gefährliches Sha an weniger gefährliche Stellen zu lenken:

Flöten (mit dem Blasloch nach oben), eine Möbelkante, Rollen, oder Fächer. Sie können auch eine Angelrute, ein Ruder oder ganz einfach einen Stock aufhängen.

8 BEWEGUNG – um träges Sha zu aktivieren: Banner, Fahnen und Windspiele, wenn ein Luftzug geht, ein Brunnen für ständige Bewegung. Fließendes Wasser, der Rauch eines Räucherstäbchens, Mobiles und sogar ein Fernseher können helfen. Die Bewegung sollte mit Hilfe von natürlichen Materialien erzeugt werden und sanft, nicht zu schnell, sein.

Manchmal überschneiden sich die Heilmittel. So kann eine Fahne sowohl Farbe als auch Bewegung ins Spiel bringen. Eine Tischlampe kann als Licht, Stille, Farbe und Gerät eingesetzt werden. Es schadet nicht, wenn für ein Problem zwei oder mehrere Heilmittel verwendet werden.

Die Fünf Elemente

Im Taoismus gehört jeder Mensch zu einem der fünf Grundtypen: Holz, Wasser, Feuer, Erde und Metall. Jedes dieser »Fünf Elemente« hat bestimmte Qualitäten und Charakteristiken, die wiederum von bestimmten Ch'i-Arten profitieren.

Die Geburtsjahrgänge mit einer 4 oder 5 am Ende werden dem Element Holz zugeordnet; 6 oder 7 ist ein Feuertyp, 8 oder 9 Erde, 0 oder 1 Metall und 2 oder 3 Wasser.

Holz – der Pionier: Solche Menschen sind offen, aktiv und denken zweckmäßig. Das ideale Haus oder Büro ist praktisch gestaltet und fällt eher aus dem Rahmen. Am besten ist eine Ostlage, am schlechtesten Westen. Windige Stellen sollten vermieden werden.

Dieses ungewöhnliche Haus ist für den Holztyp ideal.

Diese angenehme Umgebung gefällt dem Feuertyp.

Feuer – der Magier: Der Feuermensch ist voller Mitgefühl und eher intuitiv und kommunikativ veranlagt. Haus und Büro sind idealerweise bequem und persönlich eingerichtet. Für Feuertypen ist der Norden die beste, der Süden die schlechteste Richtung. Zu heiße Plätze sind ihm nicht zuträglich.

Erde – der Diplomat: Erdmenschen sind maßvoll, loyal und harmoniebedürftig. Deshalb ist das Idealhaus oder -büro angenehm und familiengerecht, am besten zentral gelegen und von allen Seiten geschützt. Ein gemütliches Landhäuschen am Hang wäre ideal. Ganz schlecht für den Erdtypen sind zu exponierte und offene Lagen, z. B. Penthouse-Wohnungen. Holzmenschen sollten Feuchtigkeit meiden.

Metall – der Katalysator: Der Metalltyp ist organisiert, präzise und kritisch veranlagt. Sein Idealplatz ist modern und ordentlich, am besten in Westlage. Am schlechtesten sind für ihn östliche Lagen und zu trokkene Plätze.

Wasser – der Philosoph: Wassermenschen sind ehrlich, phantasievoll und clever. Sie fühlen sich in konservativ gestalteten Häusern und Büros am wohlsten. Ihre beste Himmelsrichtung ist der Süden, die schlechteste der Norden. Sie sollten nicht zu kühl wohnen.

Wenn mehrere Menschen zusammenwohnen oder -arbeiten, sollten natürlich Kompromisse geschlossen werden. Was dem einen Element bzw. einer Person zuträglich ist, kann für andere unter Umständen schwieriger sein. Was, wenn beispielsweise ein Wasser- und ein Feuertyp zusammenleben? Wie kann man da zusammenkommen? Am besten mit zwei Eingängen – einen Richtung Süden (für den Wassertyp), einen nach Norden (für den Feuertyp). Hier ist Querdenken angesagt. Man findet immer Möglichkeiten, damit sich alle wohl fühlen. Gefragt sind ungewöhnliche, neue Lösungen. Folgen Sie dem Tao: Es ist, was ist. Die menschliche Grundveranlagung kann man nicht ändern, deshalb müssen wir mit den verschiedenen Energien arbeiten.

Der Erdmensch braucht Schutz.

Metalltypen mögen es modern.

Wassermenschen lieben das Traditionelle.

Die Karten

IM FOLGENDEN werden nun die 32 Feng-Shui-Karten genauer beschrieben. Es gibt vier Sets: Roter Phönix (Süden), Weißer Tiger (Westen), Schwarze Schildkröte (Norden) und Grüner Drache (Osten) mit jeweils acht Karten. Auf jeder Karte finden Sie folgende Informationen:

Grüner Drache (Osten)

Roter Phönix (Süden)

Weißer Tiger (Westen)

Schwarze Schildkröte (Norden)

⊗ KOSTBARKEIT ⊗

Eine der Acht Kostbarkeiten (vgl. Seite 12–15).

⊗ NAME ⊗

Ein chinesischer Name, der die besondere Qualität der jeweiligen Karte wiedergibt.

⊗ JAHRESZEIT ⊗

Jedes der vier Sets besteht aus acht Karten, je zwei pro Jahreszeit. So enthält beispielsweise das Set der Schwarzen Schildkröte (Norden) zwei Winterkarten, die erste – 21 – für den frühen Winter (Dezember und Anfang Januar), die zweite – 22 – für die Zeit von Ende Januar bis Februar.

⊗ SCHLÜSSELWORT ⊗

Die westliche Interpretation dieses Namens, damit wir den Geist der Karte erfassen können.

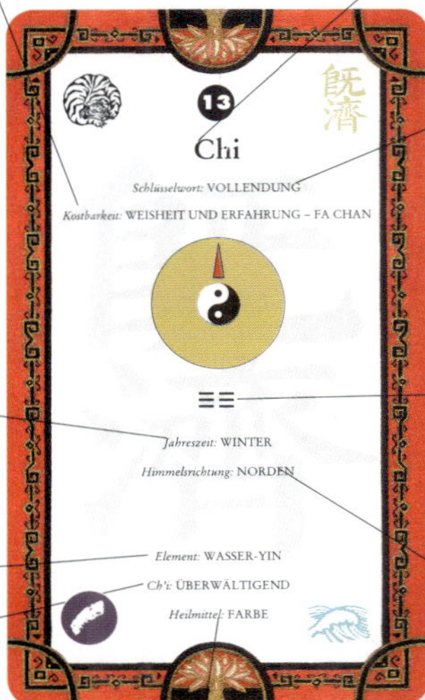

⊗ TRIGRAMM ⊗

Das jeweilige chinesische Symbol aus Yin- und Yang-Linien.

⊗ ELEMENT ⊗

Die Fünf Elemente, wie auf Seite 22–23 beschrieben.

⊗ HIMMELSRICHTUNG ⊗

Eine der acht Himmelsrichtungen. Zu Anfang ist ein kleiner Kompaß hilfreich, doch mit der Zeit geht's auch ohne.

⊗ CH'I ⊗

Die Sha-Art für die jeweilige Kostbarkeit bzw. Himmelsrichtung. Sehen Sie das Ch'i nur dann als Sha an, wenn Sie in diesem Bereich Probleme haben.

⊗ HEILMITTEL ⊗

Das Mittel gegen schlechtes Ch'i (Sha), wenn Sie etwas unternehmen wollen.

1

Ch'ien

KREATIVITÄT

In diesen Bereich können Sie Ihre Kreativität einbringen, sich öffnen und Ihre Persönlichkeit zeigen. Frönen Sie Ihren künstlerischen Neigungen! KREATIV sein heißt nicht unbedingt etwas mit den Händen zu machen – auch ein Philosoph ist kreativ.

WANG TS'AI –
WOHLSTAND UND RUHM

Lassen Sie Ihrer kreativen Seite freien Lauf, und Sie werden in den Genuß von Wohlstand und Ruhm kommen. Folgen Sie der Stimme Ihres Herzens, dann wird sich die finanzielle Seite von selbst regeln. Sie wissen, was Sie zu tun haben und – noch wichtiger – wie Sie dies tun müssen.

Das Ch'i STAGNIERT – deshalb geht es mit Ihrer Kreativität nicht voran. Sie müssen erst dieses blockierte Ch'i freisetzen und mit Leben füllen, z. B. durch Pflanzen: große, prächtige Pflanzen, die Ihr neues kreatives Selbst repräsentieren. Lassen Sie LEBEN, Licht und Wasser in diesen Bereich fließen. Probieren Sie, wie sich intensive Sommerfarben auswirken: feuriges Orange, sommerliches Blau. Zeigen Sie Mut zur Farbe!

Wie können Sie in diesem Bereich mehr Kreativität entfalten, wie diese Kreativität für Wohlstand und Ruhm einsetzen?

2

Kou

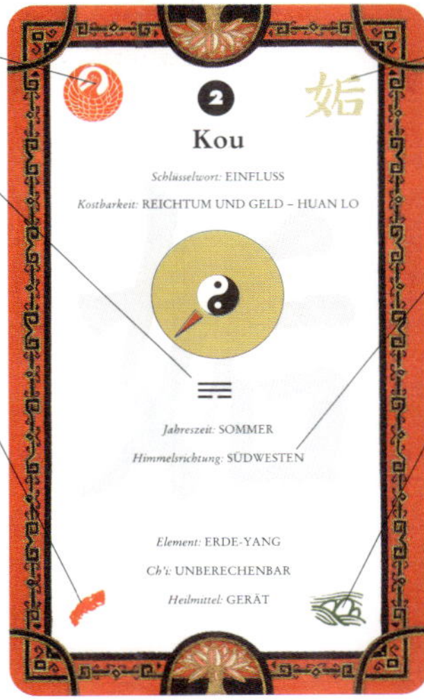

EINFLUSS

Kou weist normalerweise darauf hin, daß dieser Bereich unter dem Einfluß von jemand anders steht, daß Ihr wahres Ich sich hier nicht zeigt, weil ein anderer, und nicht Sie selbst, hier seine Ideen einbringt.

HUAN LO – REICHTUM UND GELD

Wenn dieser Bereich nach Südwesten zeigt, ist er ideal für Geld und Reichtum, doch er ist auch »Kou«, steht also unter einem Einfluß von außen. Hält jemand anders Sie vielleicht zurück?

Das Ch'i ist UNBERECHENBAR, was zu Unruhe und eventuell sogar zu überstürzten Handlungen führt. Es muß mehr Entspannung, Ruhe und Stabilität in diesen Raum/die Wohnung, z. B. durch ein sorgfältig plaziertes GERÄT, das dem unbeständigen Ch'i mehr Kontinuität gibt und Sie ausgeglichener und weniger ängstlich macht. Das Gerät sollte etwas sehr Persönliches sein, was nur Sie selbst benutzen können.

Die Sommerzeit ist eigentlich die Zeit der Ernte, auch Sie sollten also die Früchte Ihrer Arbeit ernten und genießen. Verwenden Sie goldene und rotbraune Farben.

Unter wessen Einfluß steht dieser Bereich? Warum? Wie können Sie ihn sich mehr zu eigen machen?

3

Sung

KONFLIKT
Kampf und Streit sind sinnlos. Wenn zwei Armeen um ein Land kämpfen, hat niemand etwas davon. Kommt es dagegen zur Einigung, ist das vorteilhaft für alle.

FA CHAN –
WEISHEIT UND ERFAHRUNG
Dieser Bereich ist für Sie ein Lernfeld. Sie haben bereits viel Erfahrung und Wissen gesammelt. Jetzt ist es an der Zeit, all dies in die Praxis umzusetzen. Wenn wir den Lektionen, die wir zu lernen haben, Widerstand entgegensetzen, kann das sehr schmerzhaft sein. Teilen Sie diesen Bereich mit jemandem? Dann ist es vielleicht für Sie an der Zeit, teilen zu lernen.

Hier hat das Ch'i BESCHLEUNIGENDE Qualität. Wenn Sie ihm im Weg stehen, wird es zu einem Pfeil. Sie können es mit Hilfe von geraden LINIEN kanalisieren. Der Ch'i-Pfeil kann sowohl Werkzeug als auch Waffe sein. Stellen Sie alles gerade ausgerichtet und eher konventionell auf.

Aus dem Westen kommt, was die Chinesen »Taten des Wahnsinns« nennen. Das Ch'i wird leicht zu schnell. Sie müssen lernen, es zu kontrollieren. Selbst wenn Sie es nicht verlangsamen können, können Sie doch seine Richtung bestimmen.

Wo gibt es in diesem Bereich Konflikte? Sind *Sie* mit jemandem in Konflikt?

4

Tun

Set: Roter Phönix

Trigramm: die Stille

Farbe: rot

Chinesisches Zeichen: Tun

Richtung: Nordwesten

Element: Wasser

LOSLASSEN

Loslassen bedeutet nicht, daß Ihnen alles egal ist. Im Gegenteil, es gehört menschliche Größe dazu, etwas oder jemanden loszulassen. Wer zu sehr verhaftet ist, verliert den Blick für das Ganze. Treten Sie einen Schritt zurück, dann gewinnen Sie eine umfassendere Perspektive.

T'IEN CH'AI –
KINDER UND FAMILIE

Wie leicht verfangen wir uns in den Banalitäten des Alltags und vergessen, warum wir als Familie zusammen sind! Diesen wichtigen Bereich muß man aus der Distanz betrachten. In China würde man sagen: Tritt zurück, um genau hinschauen zu können. Dieser Bereich sollte nicht mit Gegenständen vollgestellt werden.

Das Ch'i ist hier ÜBERMÄCHTIG und führt dazu, daß man sich zu sehr in seine eigenen Vorstellungen davon verbeißt, wie die Dinge sein sollten, statt sie ihren natürlichen Lauf nehmen zu lassen. Durch BEWEGUNG kann das Ch'i aufgelöst werden, z. B. mit einem Windspiel. Sie können es auch einmal so richtig »durchblasen«: Fenster auf, damit der Wind hereinkommt.

Was ist in diesem Bereich wichtig, für Sie und alle anderen, die ihn nutzen?

5

P'i

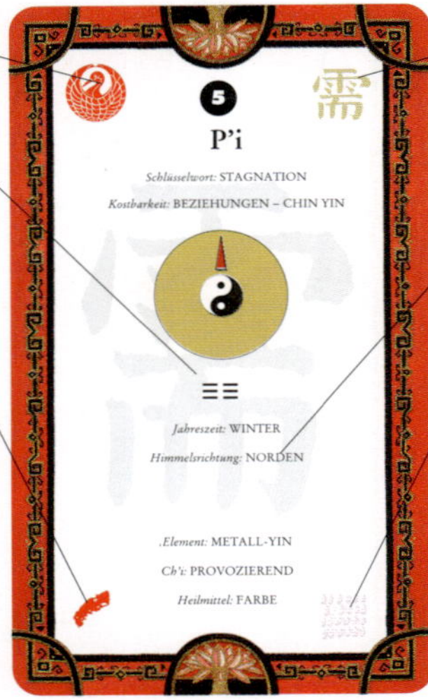

STAGNATION

Stagnation bedeutet, daß sich nichts ändert und alles wie Schlamm einfach langsam zu Boden sinkt. Wer das klare Wasser sehen will, muß das alte Laub immer wieder entfernen.

CHIN YIN – BEZIEHUNGEN

Jeder versäumt es ab und zu, sein Wasserbecken zu reinigen, das alte Laub zu entfernen. Das muß noch nicht heißen, daß etwas nicht stimmt. Das klare Wasser ist dann zwar nicht mehr zu sehen, aber mit ein wenig Mühe kann das Becken wieder »flott« gemacht werden.

Das Ch'i wirkt hier PROVOZIEREND und führt leicht zu Gereiztheit und Kopfschmerzen. FARBE hilft, Ruhe in diesen Bereich zu bringen. Mit blassem Blau können Sie sowohl sich selbst als auch das Ch'i beruhigen. Unter Umständen reicht schon allein Farbe zur Reinigung aus.

Wenn Ihr Haus nach Norden liegt, ist die Schläfrigkeit dieser Himmelsrichtung vielleicht der Grund für Ihre trübe Stimmung. Doch keine Sorge, mit ein bißchen Arbeit kann alles ins Lot kommen, es gibt keine grundsätzlichen Fehler.

Was muß in diesem Bereich geklärt und aufgeräumt werden? Wie lange liegt der letzte Frühjahrsputz, die letzte »Schönheitskur« schon zurück?

6

Wu Wang

EINFACHHEIT

Wirklich fertig ist ein Raum oder Garten erst, wenn nichts mehr entfernt werden kann. Vor der Aussaat im Frühjahr kommt das Pflügen – und das ist harte Arbeit. Bevor es vorangeht, ist auch für Sie harte Arbeit angesagt. Eine Ausrichtung nach Nordosten bedeutet, daß die Arbeit noch schwieriger ist und dafür der Erfolg dann um so größer.

CHIN TS'AI – NEUANFANG

Nutzen Sie diesen Bereich für neues Schaffen und Wachstum. Säen Sie hier die Saat für die Zukunft. Häuser bzw. Zimmer, die nach Süden liegen, können aufregende und schnelle Veränderungen bringen.

Das hier fließende Ch'i kann GEFÄHRLICH sein, es ist zu stark und wild. Mit einem Spiegel – also LICHT – können Sie das gefährliche Ch'i umlenken, damit es Sie nicht verschlingt. Dieses Zimmer ist für den Winter geeignet, es ist ein Platz, an dem man sich auf den nächsten Frühling vorbereiten kann. Halten Sie es am besten dunkel und warm. Zuviel Licht wirkt auf das gefährliche Ch'i anregend. Möbel sollten Sie so wenig wie möglich aufstellen.

Was können Sie aus diesem Bereich entfernen? Wie würden Sie ihn einrichten, wenn Sie noch einmal anfangen könnten?

7

T'ung Jen

BALANCE

Wir alle streben nach Gleichgewicht und Ausgewogenheit. Die beiden gegensätzlichen Qualitäten Yin und Yang bekämpfen einander nicht, sondern ergänzen sich. Das eine zählt nichts ohne das andere. Zuviel Freizeit ist langweilig, zuviel Arbeit wiederum führt zu Streß und Ermüdung.

CHAN YIN –
LEBENSFREUDE UND GENUSS

Ab und zu müssen wir uns »freinehmen« und Spaß haben, manchmal steht hartes Arbeiten an. Eins von beiden allein geht nicht. Wir müssen ein Gleichgewicht zwischen Arbeit und Vergnügen finden.

Das Ch'i ist hier TRÄGE, was leicht zum völligen Stillstand führen kann. Unternehmen Sie etwas dagegen! KLANG kann helfen: Windspiele, Musik, Glocken – alles, was das Ch'i belebt. Sogar das Ticken einer Uhr, das Radio oder die Stereoanlage kann Sie immer wieder daran erinnern.

Stellen Sie Ihren Schreibtisch in diesem Bereich auf, werfen Sie dafür das Sofa hinaus. Machen Sie einen Frühjahrsputz, mit einem fröhlichen Pfeifen auf den Lippen.

Ist dieser Bereich im Gleichgewicht? Oder ist er vielleicht zu leer oder zu vollgestopft? Ist er über- oder untermöbliert?

8

Lu

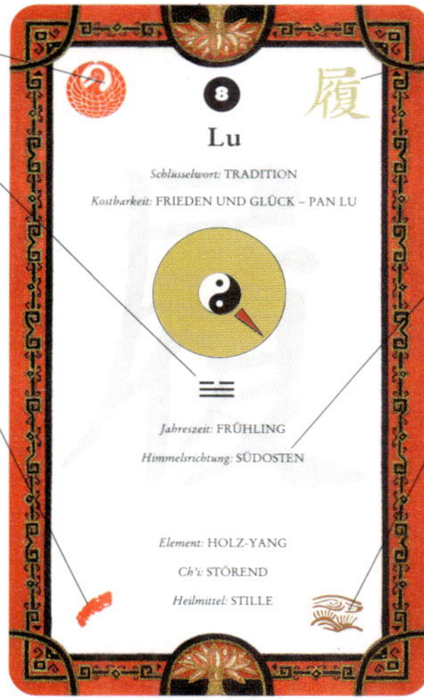

TRADITION

Jeder möchte wissen, woher er kommt, wo seine Wurzeln sind. Wer das nicht weiß, muß sich seine Ursprünge vielleicht selbst erschaffen, seine eigenen Traditionen und Rituale erfinden. Manchmal reicht schon das Wissen, daß wir in Harmonie mit den Jahreszeiten leben.

PAN LU – FRIEDEN UND GLÜCK

Wie schön kann es in diesem Bereich sein, wenn wir uns dort erst einmal zu Hause fühlen, wissen, daß wir hierher gehören! Hier können Sie die Schuhe ausziehen, den Alltag hinter sich lassen und sich so richtig entspannen. Richten Sie sich so gemütlich wie möglich ein.

Das Ch'i kann hier STÖREND wirken. Es muß beruhigt werden – durch STILLE: etwas Schönes aus der Natur, eine ausgefallene Statue, etwas, was Ihre Entspannung noch vertieft und schöner macht, ein Lächeln auf Ihre Lippen zaubert. Jeglichen Lärm und auch Bewegung sollten Sie meiden.

Wie wär's, wenn Sie den Raum etwas traditioneller einrichten? Etwas weniger modern würde er vielleicht mehr Glück und Frieden bringen.

9

K'an

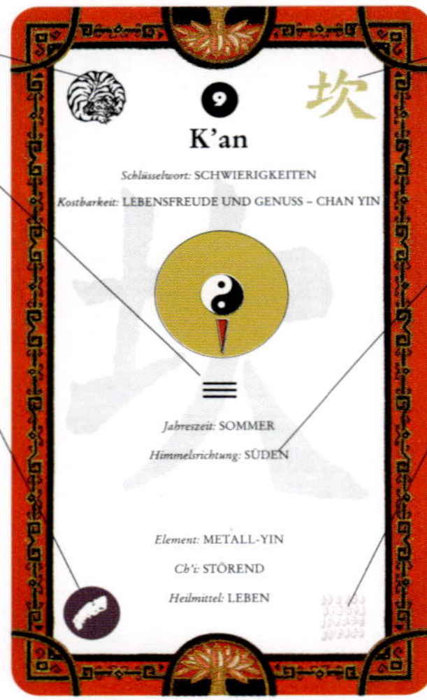

SCHWIERIGKEITEN

Ist es für uns an der Zeit, unsere Lektion zu lernen, wird das Universum uns auch mit allem versorgen, was dazu nötig ist. Oft sind das sogenannte »Schwierigkeiten«, die Lektionen sind unsere »Probleme«. Wer nicht lernt, entwickelt sich auch nicht weiter. Ohne Schwierigkeiten würden wir uns langweilen. Betrachten Sie sie doch einmal als Segen – vielleicht stellt sich heraus, daß sie genau das sind!

CHAN YIN –
LEBENSFREUDE UND GENUSS

In diesem Bereich haben Ihre Probleme nichts verloren. Wie soll man sich mit so vielen Sorgen entspannen? Nehmen Sie sich einfach mal »Urlaub« von den Sorgen. Ohne Entspannung können Sie auch nicht wieder auftanken.

Das Ch'i hat eine STÖRENDE Qualität. Dagegen hilft LEBEN: eine Pflanze oder auch – etwas ungewöhnlicher – eine Katze. Im Garten wäre auch ein Vogelhäuschen nicht schlecht. Abschalten, faulenzen, die Wärme genießen ... Klopfen Sie die Teppiche aus, öffnen Sie die Fenster. Wie wär's mit einer Hängematte?

Wo liegen in diesem Bereich Ihre Schwierigkeiten? Wie könnten Sie ihn mehr genießen?

10

Li K'an

HINDERNISSE

Hindernisse müssen nicht unbedingt Schwierigkeiten bedeuten. Vielleicht sind es auch nur kleinere Barrieren, damit uns das Gewünschte auch wirklich wertvoll erscheint. Wenn alles zu einfach zu haben ist, schätzen wir es oft gar nicht mehr. Ein bißchen Mühe – und schon sind die Dinge wieder erstrebenswert. Verlangen ist etwas sehr Süßes!

PAN LU – FRIEDEN UND GLÜCK

In diesem Bereich können Sie die Seele »baumeln lassen«, sich entspannen und Frieden mit sich selbst finden. Was Sie hier tun, sollte Ihnen wirklich Freude bereiten.

Das Ch'i ist STAGNIEREND. Sie haben Ihrem Glück Hindernisse in den Weg gestellt, und die Zukunftsaussichten sind eher düster. Mit einem GERÄT können Sie das stagnierende Ch'i klären, etwas, was Spaß macht, z. B. ein neues technisches Spielzeug.

In Ihnen steckt viel Energie und Leben. Nutzen Sie diese Kraft, werden Sie im Haus aktiv; das wird Ihnen guttun und diese Qualitäten noch verstärken.

An was messen Sie Frieden und Glück? Welche Hindernisse stehen Ihrem Glück im Weg und müssen in diesem Bereich beseitigt werden?

11

K'aun

EINHEIT

Wenn Sie Ihre Talente und Fähigkeiten verbinden, werden Sie sehr erfolgreich sein. Dazu müssen mindestens zwei ungewöhnliche und unterschiedliche Fähigkeiten zusammenkommen. Denken Sie ruhig einmal ein bißchen »quer«.

WANG TS'AI – WOHLSTAND UND RUHM

Haben Sie sich als Querdenker versucht? Dann sollte alles einen Sinn ergeben. Und Sie werden sich fragen, warum Sie nicht früher daran gedacht haben. Na klar! Es ist so einfach, wenn man erst mal darauf gekommen ist!

Das Ch'i ist UNBERECHENBAR: mal beruhigend, mal aufreizend. Spiegelt es Ihren Zustand wider, oder ist es vielleicht umgekehrt? Mit LINIEN können Sie Ordnung in diesen Bereich bringen, z. B. die Möbel ein wenig umstellen. Oder schirmen Sie sich durch etwas Hohes – Pflanzen, Trennwände – vor dem Unberechenbaren ab.

Wer das unberechenbare Ch'i schon länger ertragen muß, leidet vielleicht unter angegriffenen Nerven. Ruhe und erholsamer Schlaf bringen hier Heilung.

Vielleicht würde eine bessere Beleuchtung bewirken, daß nichts Beunruhigendes sich in dunklen Ecken verstecken kann?

12

Chun

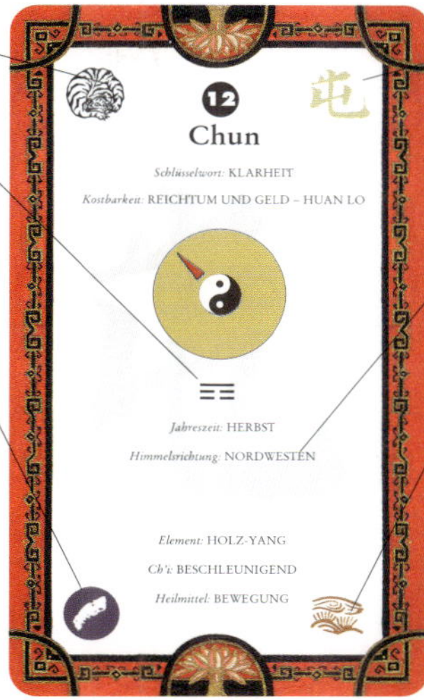

KLARHEIT
Brauchen Sie Klarheit? Oder würde Sie das noch mehr durcheinanderbringen? Hat Klarheit alles vielleicht noch verschlimmert? Das, was ist, können Sie im nachhinein nicht ändern. Doch vielleicht erkennen Sie jetzt, was es ist!

HUAN LO – REICHTUM UND GELD
Reichtum ist nicht unbedingt das Geld auf der Bank. Manchmal ist Reichsein eine Last; und manchmal muß man sich zwischen innerem Reichtum und Geld entscheiden. Wo liegt in diesem Bereich Ihr wahrer Reichtum?

Das Ch'i wird IMMER SCHNELLER. Sie sollten nicht versuchen, es zu stoppen, sondern es unterstützen. Sie brauchen seine Klarheit. Es sollte allerdings nicht zu schnell in eine bestimmte Richtung fließen. BEWEGUNG im Raum läßt es schnell um alles herumfließen, und zwar in großen Bahnen: Ideal wäre ein Wasserfall, aber ein offenes Feuer mit züngelnden Flammen tut's auch.

Schon bald werden Sie vor die Wahl gestellt – wahrer Reichtum oder Geld? Setzen Sie sich doch mal ans Feuer zum Träumen, und fassen Sie dann Ihren Entschluß.

Wenn Sie alles haben könnten, wo würden Sie es aufbewahren? Muß in diesem Bereich Platz geschaffen werden?

13

Chi

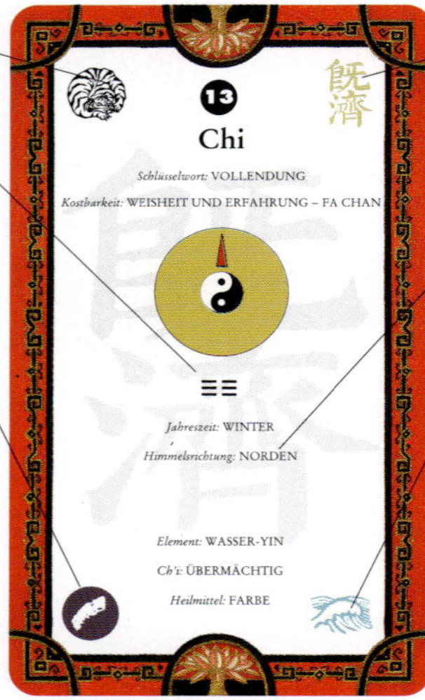

VOLLENDUNG

Das Tao sagt: »Nichts ist je vollendet. Ein Kreis schließt sich, und der nächste Zyklus beginnt.« Sie sollten den Raum dazwischen genießen. Der Weg dahin war lang, Sie haben viel gelernt, jetzt sollten Sie sich die Zeit nehmen, alles zu würdigen, bevor Sie die nächste Lektion in Angriff nehmen.

FA CHAN –
WEISHEIT UND ERFAHRUNG

In diesem Raum könnten Sie all die Bücher aufbewahren, aus denen Sie so viel gelernt haben. Hier können Sie in Ruhe arbeiten, noch mehr lernen, sich auf die Zukunft vorbereiten.

Das Ch'i kann ÜBERMÄCHTIG sein, zu stark. Das kann auch *Sie* zu stark machen. Das Tao sagt: »Wer *weiß*, hüllt sich in Schweigen.« Seien Sie anderen ein Beispiel, ohne viele Worte. Mit etwas FARBE können Sie das Ch'i zerstreuen, hilfreich sind vor allem dunkle Blau- und starke Rottöne. Auch alles, was mit Wasser zu tun hat, kann helfen – Fische, Bilder von Flüssen, eine Schale mit Wasser und Blumen darin, oder auch eine farbige Glasflasche mit Wasser.

Was muß in diesem Bereich zu Ende gebracht werden?

14

Chieh

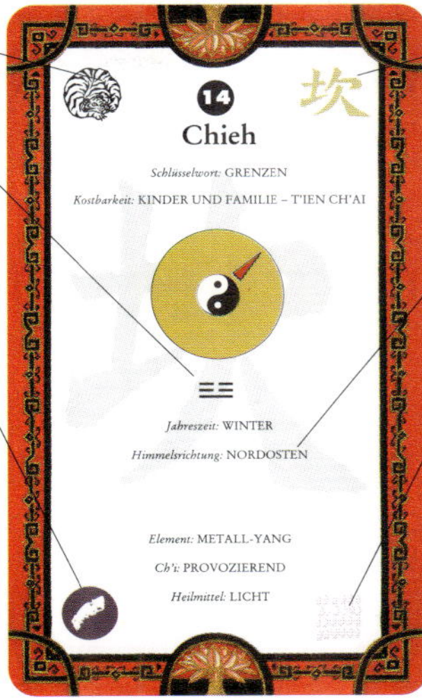

GRENZEN

Sie müssen Ihre Grenzen kennen, sonst erschöpfen Sie sich, wenn Sie sich übernehmen. Vermeiden Sie Extreme, versprechen Sie nicht zu viel!

T'IEN CH'AI – KINDER UND FAMILIE

Kinder und Familie – das kann die beste Erfahrung im Leben sein, aber auch die, die am meisten Kraft kostet. Einschränkungen von seiten anderer: Geld, Zeit oder unser eigenes Bedürfnis nach Aufmerksamkeit – all das führt dazu, daß diese Erfahrung alles andere als wunderbar sein kann.

Das Ch'i hat hier eine PROVOZIERENDE Qualität und kann Gereiztheit und Kopfschmerzen verursachen. Mit Spiegeln können Sie es nach Südosten umlenken, wo es hingehört. Ist dieser Bereich ein Winterzimmer? Dann können Sie mit LICHT arbeiten. Stellen Sie Lampen mit warmem Licht auf, vertreiben Sie die Schatten. Helle, leuchtende Farben machen gute Laune. Weiße, leicht zu reinigende Flächen erleichtern die Arbeit. Der Raum sollte warm und gemütlich sein. Offensichtlich mögen Sie es ordentlich und sauber und legen Wert auf Qualität. Vielleicht müssen Sie sich nur besser organisieren.

Was schränkt Sie in diesem Bereich ein? Wie kann man das ändern? Wie könnten Sie hier Ihren Horizont erweitern?

15

Hsu

ABWARTEN

Abwarten bedeutet hier nicht Nichtstun. Es ist vielmehr ein *bewußtes* Warten. Sie müssen warten, bis die Zeit und die Umstände reif sind. Unterdessen sammeln sich Kräfte, die Ihnen nützlich sein werden – wenn Sie nicht voreilig handeln. Jetzt heißt es erst einmal: Ruhe bewahren. Wer zu ängstlich ist, kann nicht warten und geht zu früh ein Risiko ein.

CHIN YIN – BEZIEHUNGEN

Jeder Mensch braucht Liebe und Menschen um sich, die ihm etwas bedeuten. In diesem Raum können Sie diese menschliche Wärme genießen. Hier können Sie mit Ihrem/Ihrer Liebsten zusammensein – und warten.

Das Ch'i ist GEFÄHRLICH, kann uns dazu verführen, Risiken einzugehen, voreilig zu handeln oder ungesunden Phantasien nachzugeben. KLANG ist hier das Heilmittel: wohltuende Musik gegen unüberlegtes Handeln; Windspiele zur Beruhigung des Ch'i. Als Farben eignen sich ganz blasse Rot-, sanfte Gelbtöne und viel Weiß. Mit Möbeln sollten Sie sparsam umgehen, sie sollten aus hellem Naturholz sein – z. B. aus Bambus.

Wie könnten Sie diesen Raum so einrichten, daß das Warten gemütlicher wird?

16

Ching

INTUITION
Im Chinesischen wird diese Karte als »der Brunnen« bezeichnet: die Quelle von Weisheit und Erfahrung. Sie wissen, was gut für Sie ist. Achten Sie auf Ihre Gefühle – sie werden Sie nie im Stich lassen. Wenn Ihre Intuition Ihnen sagt, daß etwas nicht stimmt, dann ist das wahrscheinlich auch so.

CHIN TS'AI – NEUANFANG
In diesem Raum können Sie den nächsten Lebensabschnitt planen. Welchen Neuanfang suchen Sie? Allein mit Logik, Vernunft und Planung kann das leicht schiefgehen. Setzen Sie Ihre Intuition ein. Wenn etwas sich richtig anfühlt, tun Sie es; wenn nicht, lassen Sie es.

Das Ch'i ist TRÄGE und kann lethargisch machen. Alles ist Ihnen zuviel, Sie entscheiden sich lieber für den leichtesten Weg. Stellen Sie einen Gegenstand aus der Natur auf: ein Stück Treibholz, einen Stein, eine schön geschwungene Feder, etwas, was mit seiner STILLE Ihre Aufmerksamkeit anzieht und Ihre Intuition anregt. Dieser Bereich sollte trocken, ordentlich und harmonisch sein. Räumen Sie allen Kleinkram weg, damit das Zimmer geräumig und aufgeräumt ist.

Was ist für Sie instinktiv falsch in diesem Bereich? Wie können Sie das ändern?

17

K'un

STILLE

Diese Karte hat eine empfängliche Yin-Qualität, etwas sehr Feminines. Es ist die Karte des Familienzentrums. Sie ist still, alles dreht sich um dieses Zentrum; doch in sich ist sie voller Bewegung und Aktivität, eine perfekte Energie: kompakt und kraftvoll. In dieser Stille müssen Sie nicht nach außen gehen, alles kommt zu Ihnen, zum Zentrum – Sie brauchen nur Geduld.

CHIN YIN – BEZIEHUNGEN

Dies ist der Bereich, in dem Sie die oberste Kontrolle haben. Sie haben so etwas wie eine Schwerkraft, die alles an sich zieht. Hier können Sie haben, was Sie wollen. Bleiben Sie still und ruhig, und alles kommt zu Ihnen. Wenn Sie Ihre Wünsche aussprechen, verlieren Sie diese Stille.

Das Ch'i neigt hier zur TRÄGHEIT und kann zu Depressionen führen. Nichts passiert, und das macht leicht lethargisch. Doch eigentlich geht das langsame Ch'i sehr tief und ist dadurch sehr stark. Es spiegelt Ihre Stille wider. Wenn Sie meinen, Sie müßten das Ch'i verändern, können Sie LEBEN als Hilfsmittel einsetzen, z. B. an einer bestimmten Stelle eine Pflanze, die gerne feucht, hell und in Bodennähe steht.

Was steht in diesem Raum im Mittelpunkt? Fühlt es sich richtig oder falsch an?

18

Fu

WIEDERKEHR
Im Tao fließt alles in Kreisen. Was gesät wurde, kann geerntet werden. Was Sie einmal getan haben, tun Sie auch wieder. Doch Wiederkehr bedeutet nicht unbedingt, die gleichen Fehler noch einmal zu machen. Es ist vielmehr ein Zurückgehen, nachdem man Erfahrungen gesammelt hat. Sie haben viel gelernt und wissen jetzt, an welcher Stelle etwas schiefgelaufen ist. Sie kehren mit neu gewonnenem Wissen, Weisheit und Einsicht zurück.

CHIN TS'AI – NEUANFANG
Es ist erfrischend, eine zweite Chance zu erhalten und es diesmal richtig zu machen. Sie können aus Fehlern lernen und von vorne anfangen.

Das Ch'i wirkt STÖREND, das können Sie im Moment am wenigsten gebrauchen. Es könnte bei Ihnen grundlose Wut auslösen. Durch ein GERÄT können Sie mehr Ruhe in den Raum bringen: eine Wanduhr oder ein Computer. Eventuell brauchen Sie einen Gegenstand aus Metall, z. B. ein mechanisches Spielzeug, das Sie zum Lachen bringt, so daß die Wut verraucht. Im Garten können Sie es mit einer Sonnenuhr versuchen.

Gibt es ein Gerät, mit dem Sie gute Erfahrungen gemacht haben, welches Sie in diesem Bereich einsetzen könnten?

19

Ming

SCHWÄCHUNG

Auf Chinesisch bedeutet Schwächung »Verdunkelung des Lichts«. Sie werden von mächtigen Einflüssen und Kräften bedroht. Ziehen Sie sich besser in den Hintergrund zurück. Schwächung kann stark machen. Es ist jetzt nicht die Zeit für offene Konfrontation. Geben Sie dem Wind nach. Später können Sie dann wie eine Peitsche wieder nach vorne schnellen.

CHAN YIN – LEBENSFREUDE UND GENUSS

Sie können Ihr Leben genießen, auch ohne es zu zeigen. Sie können so tun, also ob Sie hart arbeiten, kämpfen und leiden.

Das Ch'i tendiert hier zur STAGNATION und muß mit Leben gefüllt und gereinigt werden. Mit Hilfe von LINIEN kann es gelenkt werden. Eine zu weiche und üppige Möblierung sollte etwas netter und ordentlicher arrangiert werden, z. B. durch scharfe Kanten und gerade Linien anstelle von lockeren Arrangements. Auch die satten Farben könnten Sie etwas abschwächen: Ein bißchen Gelb und Terrakotta macht viel aus. Bringen Sie Kühle in den Raum.

Warum muß dieser Bereich für Sie so nachlässig aussehen? Können Sie nicht *zeigen,* wie hart Sie wirklich arbeiten?

20

Lin

ANNÄHERUNG

Jetzt können Sie erste Schritte tun – hin zu dem, was Sie wirklich wollen – wie im Frühling, wenn sich das erste Grün zeigt. Die chinesische Übersetzung für diese Karte lautet »Annäherung« und »Förderung.« Sie sind auf dem Weg hinaus in die Welt. Als Politiker oder Geschäftsmann haben Sie Erfolg, werden befördert. Dies ist eine Zeit des großen Optimismus, aber nicht lange. Nehmen Sie jede Chance wahr!

PAN LU – FRIEDEN UND GLÜCK

Wozu nutzen Sie diesen Bereich? Konzentrieren Sie sich auf das Schlüsselwort: Annäherung. Wie könnte eine solche Annäherung hier aussehen? Wenn dies Ihre Chance für ein wenig Glück und Frieden ist: Greifen Sie zu! Sie haben es sich verdient. Jetzt ist der Moment zu genießen, denn der Frieden wird nicht lange anhalten.

Das Ch'i kann hier UNBERECHENBAR sein. Sie sollten es sicherer und vorhersehbarer machen. Mit sanfter BEWEGUNG bringen Sie Stabilität hinein: ein im Wind wehendes Seidentuch oder der langsam aufsteigende Rauch eines Räucherstäbchens.

Könnten Sie mehr Menschen in diesen Bereich bringen, z. B. mit einer Einladung?

21

T'ai

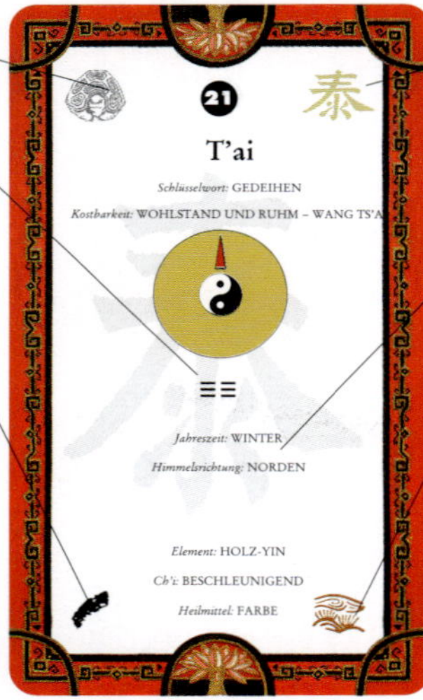

GEDEIHEN
Was wünschen Sie sich mehr? Der Winter ist vorbei, die Nacht zu Ende. All Ihre Kämpfe sind beendet, die Zeit des Gedeihens ist da. Gehen Sie in die Welt hinaus, mischen Sie sich unter die Leute, treffen Sie sich mit Freunden, und nutzen Sie Ihre beruflichen Kontakte. Auch Ihre angeschlagene Gesundheit wird sich jetzt wieder erholen.

WANG TS'AI –
WOHLSTAND UND RUHM
Zu guter Letzt wird alles gut. In diesem Raum sollten Sie geschäftliche Kontakte pflegen, dann werden Sie mehr erreichen, als Sie je zu träumen wagten. Auch persönliche Beziehungen werden bereichert. Die alte Liebe, die schon etwas langweilig wurde, füllt sich wieder mit Leben. Nutzen Sie diesen Bereich für alles mögliche – Sie können nichts falsch machen.

Das Ch'i hat eine BESCHLEUNIGENDE Qualität. Lenken Sie es dahin, wo Sie etwas erreichen wollen, es wird ihnen gelingen. Sie brauchen keine Hilfe, sondern können mit großen FARBTUPFERN Ihr Leben bereichern. Alles Alte, Abgenutzte, Kaputte sollten Sie wegwerfen und neu möblieren.

Müssen Sie wirklich noch mehr über diesen Bereich wissen? Machen Sie ihn zum allerschönsten und -größten!

22

Sheng

VORANSCHREITEN
Die Basisarbeit ist getan. Jetzt können Sie voranschreiten, ohne Furcht – voller Vertrauen. Bitten Sie, um was immer Sie sich wünschen. Keiner kann es Ihnen abschlagen. Arbeiten Sie an sich. Setzen Sie Ihren Willen ein, um positive Veränderungen einzuleiten. Konzentrieren Sie sich auf Ihre Disziplin, dann können Sie Großes erreichen.

HUAN LO – REICHTUM UND GELD
Der Zeitpunkt ist gut, um mit Ihrem Chef über Beförderung oder Gehaltserhöhung zu sprechen. Mit Klarheit, Disziplin und Vertrauen können Sie diesen Raum für Ihr persönliches Wachstum nutzen.

Das Ch'i kann ÜBERMÄCHTIG sein. Vielleicht haben Sie zuviel Selbstvertrauen. Sie können so weit gehen, wie Sie wollen, aber Sie müssen nach der taoistischen Lehre dabei korrekt sein und Ihre Energie in Aktivitäten stecken, die mit der Natur im Einklang sind. Mit einem Spiegel – also LICHT – können Sie das Ch'i teilweise umlenken. Spotlights sind hilfreich, um ein »helles Licht« auf Ihre Motive zu werfen. Die Richtung ist perfekt, um Ihren Wohlstand zu mehren. Vergewissern Sie sich, daß auch die Methoden die besten sind.

Mit wem möchten Sie in diesem Raum sprechen? Und worüber?

23

Shih

SAMMELN
Jetzt brauchen Sie Ihre Familie und Freunde um sich. Wer alles selbst machen will und immer allein arbeitet, kommt nicht weit. Mit vereinter Kraft können Sie dagegen unschlagbar sein.

FA CHAN –
WEISHEIT UND ERFAHRUNG
Versammeln Sie alle um sich, die Ihnen bei der Vorbereitung auf die kommenden Verpflichtungen helfen können. In diesem Bereich steckt all die Information, die Sie für Ihre Strategie brauchen. Halten Sie Ausschau nach allem, was Ihnen hilft, Ihr Ziel zu erreichen.

Die PROVOZIERENDE Qualität des Ch'i kann dazu führen, daß Sie zu schnell und gereizt handeln. Sie brauchen Zeit, um Ihre Kräfte zu sammeln, deshalb muß dieses provozierende Ch'i mit beruhigendem KLANG besänftigt werden. Die »kollektive Qualität« ist wichtig: keine Solomusik und gleich mehrere Windspiele auf einmal.

Die Zeit ist ideal für gemeinsame Projekte. Nehmen Sie sich auch die Ratschläge anderer zu Herzen. Es könnte wichtig sein.

Wie können Sie in diesem Bereich Ihren Zielen näherkommen, ohne selbstsüchtig zu sein? Das zu bekommen, was Sie wollen, und dennoch auch anderen zu helfen, ihre Wünsche zu erfüllen?

24

K'un Ken

MÄSSIGUNG
Vermeiden Sie Extreme, dann können Sie viel erreichen. Ihre Bescheidenheit überzeugt andere davon, daß Sie das Beste verdient haben. Konzentrieren Sie sich auf ein harmonisches Gleichgewicht bei allem, was Sie tun.

T'IEN CH'AI –
KINDER UND FAMILIE
Wer hier Mäßigung walten läßt, bringt alle anderen dazu, harmonisch zu leben. Wer dagegen dominieren will, erzeugt Zwist und Streitereien. Lernen Sie, die Schwächen anderer zu tolerieren – auch sie sind nur Menschen.

Das Ch'i kann GEFÄHRLICH werden – und genau das können Sie im Moment am wenigsten gebrauchen. Gleichen Sie es sorgfältig aus, aber bitte mit etwas Positivem. Die Zeit ist gut für eine Neuordnung. Moderne, schäbige und billige Teile haben hier nichts zu suchen. Sie brauchen STILLE. Nur wirklich schöne Sachen sollten hier einen Platz finden. Eine prachtvolle Statue ist besser als 100 Souvenirs, eine gut plazierte Muschel oder ein Stein besser als Plastikkram in Unmengen.

Wie können Sie in diesem Bereich mit Mäßigung mehr Harmonie erreichen? Ist der Raum im Gleichgewicht?

25

Li

FOKUS

Kerzenlicht unterscheidet sich von einem Laserstrahl nur durch den Brennpunkt. Auch Sie können Stahl zerschneiden, wenn Sie Ihren Fokus ändern. Dazu brauchen Sie Konzentration, Entschlossenheit, Engagement und vielleicht sogar Rücksichtslosigkeit.

FA CHAN – WEISHEIT UND ERFAHRUNG

Wenn Sie in diesem Raum bisher gelesen und gelernt haben, fangen Sie nun mit der Arbeit an. Wenn das Wissen da ist, muß es genutzt werden, sonst ist es vergeudet.

Das Ch'i kann GEFÄHRLICH werden und zu irrationalen Handlungen verleiten. Wenn Sie zulassen, daß sich diese Energie entlädt, müssen Sie sich über Ihren Fokus im klaren sein. Wer diese Kraft mit Wut oder in einem Anfall von Verrücktheit einsetzt, kann großen Schaden anrichten. Deshalb sollten Sie sehr klar sein. Das Ch'i muß mit LEBEN geheilt werden, um sich die Harmonie der Natur ins Gedächtnis zu rufen – zudem wird damit die Wut unter Kontrolle gehalten. Große Pflanzen sind hilfreich.

Wie lenken Sie diese Energie? Sind Sie zu direkter, zielgerichteter und intensiver Zweckgebundenheit in der Lage? Wie kann Ihnen dieser Bereich dabei helfen?

26

K'uei

NACHGEBEN

Wenn Sie noch so viel drücken, können Sie auch den kleinsten Hügel nicht versetzen, doch die sanfte Kraft von Wind, Regen und Frost verschiebt ganze Berge. Konflikte müssen anders angegangen werden. Druck führt zu nichts. Sie müssen lernen, keinen Widerstand entgegenzusetzen. Der Konflikt lehrt uns, sanft zu sein.

T'IEN CH'AI –
KINDER UND FAMILIE

Könnten Sie sich eine bessere Gelegenheit vorstellen, als mit Ihren Lieben diese Sanftheit zu lernen und damit Harmonie zu schaffen? Hören Sie auf, Druck auszuüben. Wenn Sie ziehen, müssen andere Ihnen folgen. Und wenn der andere drückt, können Sie einfach zur Seite gehen.

Das Ch'i ist TRÄGE und führt leicht zu Lethargie, Schwere und Widerstand. Mit einem GERÄT kann es harmonisiert werden, am besten etwas Nützliches und Bewegliches. Wie wär's mit einem Fahrrad oder einem Punchingball? Damit können Sie wunderbar lernen, wie man Konflikte umgeht. Nur weil Sie immer wissen müssen, was gerade los ist, heißt das nicht, daß Sie nicht ab und zu loslassen.

Können Sie Sanftheit in diesen Bereich bringen? Oder selbst sanfter werden?

27

Ta Yu

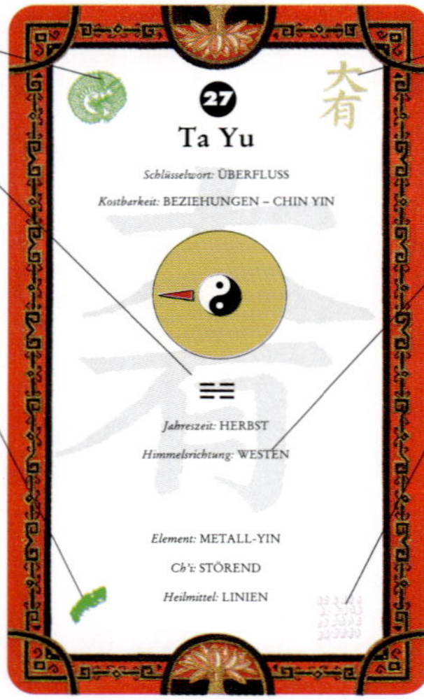

ÜBERFLUSS

Jetzt sind Umsicht und Zurückhaltung angesagt. Wenn man so viel bekommt, muß man auch nein sagen können, sonst wird man überschwemmt. Sie können es sich leisten, sorgfältig auszuwählen. Bald wird Ihnen mehr zufallen, als Sie für möglich halten. Sie sollten nicht das Erstbeste, sondern nur das Beste akzeptieren.

CHIN YIN – BEZIEHUNGEN

Dieser Bereich bedarf mehr als die meisten anderen eines kritischen Urteilsvermögens. Dennoch macht sich leicht Gier breit – warum sollte man sich auch einschränken? Wer nicht lernt zu unterscheiden, könnte das Ideale verpassen. Seien Sie wählerisch!

Das Ch'i kann STÖREND wirken und damit zu Wutreaktionen führen. Liebe kennt keine Rachegelüste, Boshaftigkeit oder Trotz. Liebe hat nur Platz für die Liebe. Das störende Ch'i kann durch LINIEN beruhigt werden. Schaffen Sie Harmonie und Ordnung. Sie können Bambusflöten in geraden Linien anordnen, um das Ch'i aus diesem Bereich herauszuleiten. Mit hellen Grau- und Blautönen stärken Sie Harmonie und Frieden.

Warum brauchen Sie hier so viel? Wären Sie vielleicht glücklicher mit weniger, was dafür in der Qualität um so besser ist?

28

Ting

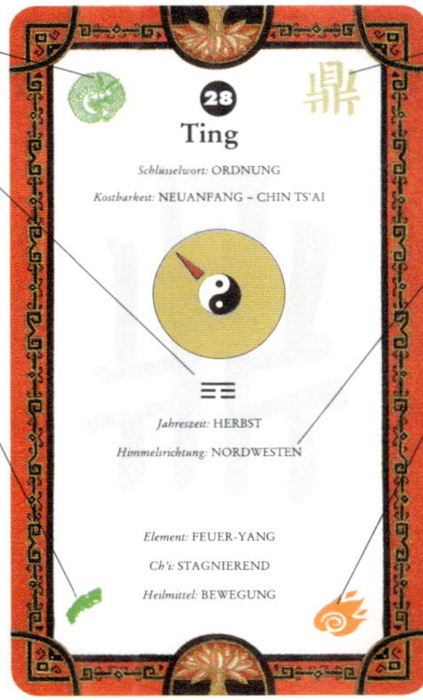

ORDNUNG

Hier geht es um die Ordnung der perfekten Harmonie. In der Natur hat alles seine Ordnung. Es ist der Mensch, der sich außerhalb dieser Harmonie bewegt. Wer mit dem Tao im Fluß ist, hat auch teil an dieser Ordnung. Flußaufwärts schwimmen ist ein Kampf gegen das Tao und bringt uns aus der Ordnung heraus. Un-Ordnung ist Kampf. Mit dem Fluß gehen kostet viel weniger Mühe!

CHIN TS'AI – NEUANFANG

Das letzte Mal sind Sie flußaufwärts geschwommen. Jetzt haben Sie die Chance, es einmal anders zu versuchen – lassen Sie sich flußabwärts treiben! Schauen Sie sich um. Es ist vielleicht die gleiche Umgebung, dennoch fühlt sich alles neu und frisch an. Nicht die Umgebung – *Sie* haben sich verändert und weiterentwikkelt.

Das Ch'i neigt hier zur STAGNATION. Mit BEWEGUNG ist das ganz leicht zu beheben. Sie kann sanft oder stark sein – ganz wie Sie wollen. Hauptsache, das Ch'i wird in Bewegung versetzt und kann sich reinigen. Alles, vom Wasserfall bis zur Uhr, ist erlaubt. Wenn Sie nichts unternehmen, kann sich das negativ auf die Gesundheit auswirken.

Brauchen Sie hier mehr Ordnung, oder reicht eine gründliche Aufräumaktion?

29

Wei Chi

ÜBERGANG
Dies ist nicht das Ende. Es fühlt sich zwar so an, aber es ist noch ein Stück bis dorthin. Bald werden Sie Ihre Ziele erreichen. Dies ist nur eine Vorahnung von dem, was noch kommt. Auch diejenigen, die in einer kämpferischen und schwierigen Zeit stecken, müssen noch ausharren.

CHAN YIN –
LEBENSFREUDE UND GENUSS
Während Sie sich die Zeit für Heilung und Erholung nehmen, können Sie sich auch gleichzeitig ein wenig verwöhnen. Lassen Sie es sich gutgehen. Sie haben es sich verdient und können sich so auch viel schneller erholen. Lust und Freude sind nichts Verwerfliches, Sie können davon haben, soviel oder sowenig Sie wollen. Es gibt in diesem Bereich kein Urteilen.

Das Ch'i kann UNBERECHENBAR sein, braucht also Stabilität, damit Sie nicht verunsichert sind und sich wohl fühlen. FARBE ist das Heilmittel – die tiefsten, intensivsten Rot- und Blautöne. Leben Sie Ihre Phantasie aus, und greifen Sie ruhig zu Purpur, der Farbe der Könige und Kaiser. Dieser Raum sollte warm und trocken sein und nur Ihrem Wohlbefinden und Genuß dienen.

Wie können Sie diesen Bereich gemütlicher machen, ohne »abzuschlaffen«?

30

Lu

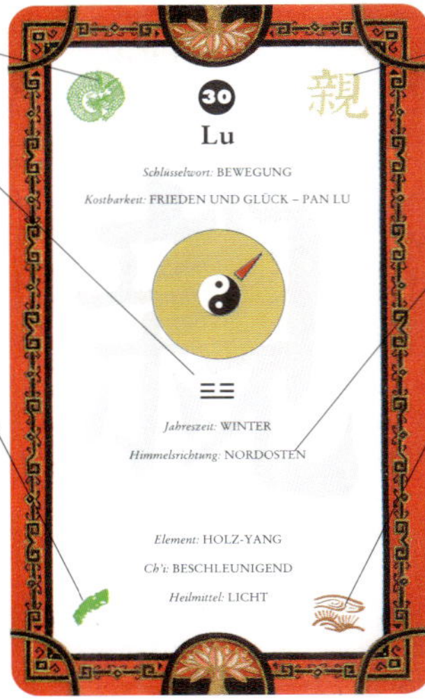

BEWEGUNG

Bewegung meint hier schnelles Reisen. Vielleicht reisen Sie tatsächlich von einem Kontinent zum anderen; vielleicht gehen Sie auf der emotionalen Ebene durch unterschiedliche Situationen hindurch. In jedem Falle gilt: Sie sind schnell wie der Blitz!

PAN LU – FRIEDEN UND GLÜCK

Es kann sein, daß Sie diesen Bereich nicht schnell hinter sich bringen wollen, manchmal ist aber genau das nötig. Manche Menschen wachsen erst in der Not und fühlen sich nur dann wirklich lebendig, wenn sie »da durchgehen«. Was fällt Ihnen in diesem Bereich auf? Was tritt aus der schemenhaften Landschaft deutlich hervor?

Das Ch'i hat BESCHLEUNIGENDE Qualität, deshalb werden Sie so schnell hindurchgeschleust. Um es abzubremsen, muß es umgelenkt werden. Je mehr Spiegel – LICHT – Sie hier haben, desto besser! Diese sollten alle in einer Linie stehen oder hängen, um das Ch'i langsamer werden zu lassen. Damit das Ch'i nicht »durchrauscht«, können Sie sie in Winkeln aufstellen. Lenken Sie diese Bewegung und Energie auf etwas Positives, wie z. B. einen sportlichen Wettkampf.

Hier ist keine Zeit für Fragen – Sie bewegen sich einfach zu schnell dafür.

31

Chin

FORTSCHRITT

Fortschritt heißt nicht, daß wir am Ziel ankommen, gewinnen oder gar, daß das Ende erreicht ist, sondern es ist ein Vorwärtskommen. Im Moment ist das alles, worauf Sie hoffen können. Jeder Kampf ist irgendwann zu Ende. Schließlich wird sich auch der Erfolg einstellen. Zumindest erreichen Sie etwas. Es fühlt sich vielleicht nicht so an, aber es ist ein Fortschritt.

WANG TS'AI –
WOHLSTAND UND RUHM

Manche Menschen müssen scheinbar nicht viel tun, andere erreichen anscheinend alles in jungen Jahren. Es hat den Anschein, als ob Sie nichts zustande bringen, doch das stimmt nicht. Sie machen langsam, aber sicher Fortschritte.

Ihr Problem ist das ÜBERMÄCHTIGE Ch'i. Sie sehen den Wald vor lauter Bäumen nicht. Sie können das Ch'i durch KLANG zerstreuen, z. B. mit sanften Flötenmelodien. Auch harmonische Klänge wie Wellen, Wind und Vogelgesang helfen, die Stimmung zu heben.

Manchmal haben Sie sehr viel Phantasie. Wie wär's, wenn Sie sich echten Fortschritt vorstellen? Seien Sie dabei ehrlich.

Was muß in diesem Bereich noch erledigt werden? Oder haben Sie hier noch nicht wirklich angefangen?

32

Shih Ho

ENTSCHLOSSENHEIT
Im Chinesischen wird die Wirkung dieser Karte mit »durchbeißen« umschrieben. Das ist vielleicht genau das, was für Sie ansteht. Nehmen Sie die Herausforderung an, unternehmen Sie etwas. Handeln Sie schnell und direkt. Zeigen Sie Entschlossenheit. Wenn Sie zögern, sind Sie verloren.

HUAN LO – REICHTUM UND GELD
Handeln Sie jetzt entschlossen! Damit bauen Sie für die Zukunft Wohlstand auf, und dann können Sie es sich gutgehen lassen. Vermeiden Sie Konfrontationen, Streit und Diskussionen.

Das PROVOZIERENDE Ch'i macht Ihnen zu schaffen und führt dazu, daß Ihre Entschlossenheit anderen wie Ärger vorkommt. Kaufen Sie von Ihrem neuen Reichtum ein schönes Kunstobjekt. Die Leute werden es so eifrig bewundern und seine STILLE genießen, daß sie das Kritisieren vergessen. Kaufen Sie eine Statue aus Bronze, Blei, Silber oder Gold. Der Bereich sollte Ihre neue Entschlußkraft widerspiegeln: Alles sollte weiß sein, am besten stellen Sie überhaupt keine Möbel auf oder nur sehr hochwertige.

Wie können Sie diesen Bereich größer, stärker, entschlossener machen?

Der Umgang mit den Karten

ES GIBT drei verschiedene Möglichkeiten, wie Sie das Feng-Shui-Buch nutzen können. Sie können:

- *eine allgemeine Diagnose machen,*
- *ein bestimmtes Ch'i-Problem ausgleichen,*
- *einen bestimmten Bereich bzw. eine der Kostbarkeiten untersuchen.*

Die vorgestellten Prinzipien gelten für Haus, Büro oder Garten: Lassen Sie das Ch'i harmonisch fließen, räumen Sie Kleinkram weg und richten alles schön sauber, hell und geschmackvoll ein. Zu Hause ist das einfach, Sie können mit dem Gang durch die Neun Paläste alles überblicken; im Geschäft ist das ein bißchen komplizierter. Sorgen Sie dafür, daß die Aktenschränke regelmäßig »ausgemistet« werden und der Empfangsbereich geräumig und einladend wirkt. Im Garten sollte das Laub entfernt werden und auch an einer Stelle Wasser sein, um das Ch'i zu erfrischen.

ALLGEMEINE DIAGNOSE

- Finden Sie zunächst heraus, in welche der vier Haupthimmelsrichtungen die Eingangstür liegt. Dann suchen Sie die acht Karten des Sets heraus, das zu dieser Himmelsrichtung gehört. Jede Karte bezieht sich auf die ganze Wohnung/das gesamte Büro. Wenn Ihnen einige davon besonders wichtig erscheinen, sollten Sie sich auf diese konzentrieren, sie ganz genau betrachten und die empfohlenen Heilmittel einsetzen.
- Dann lesen Sie, was über die jeweilige Kostbarkeit auf den Karten steht, gehen in den entsprechenden Bereich und überprüfen, ob es da Probleme gibt. Das Heilmittel auf der Karte sagt Ihnen, wie das Problem zu lösen ist.

Dies ist nicht schwer, wenn der Eingang direkt in eine der vier Haupthimmelsrichtungen zeigt. Liegt er allerdings im Südosten, Südwesten, Nordosten oder Nordwesten, wird es ein bißchen komplizierter, denn Sie müssen die entsprechenden Karten aus den verschiedenen Sets heraussuchen.

- Eingang nach **Südosten:** Sie nehmen die ungeraden Karten von den Süd-Karten (Karte 1, 3, 5 und 7) und die geraden Karten von den Ost-Karten (Karte 26, 28, 30 und 32).
- Eingang nach **Südwesten:** Sie nehmen die geraden Karten von den Süd-Karten (Karte 2, 4, 6 und 8) und die ungeraden Karten von den West-Karten (Karte 9, 11, 13 und 15).
- Eingang nach **Nordosten:** Sie nehmen die geraden Karten von den Nord-Karten (Karte 18, 20, 22 und 24) und die ungeraden Karten von den Ost-Karten (Karte 25, 27, 29, 31).
- Eingang nach **Nordwesten:** Sie nehmen die ungeraden Karten von den Nord-Karten (Karte 17, 19, 21 und 23) und die geraden Karten von den West-Karten (Karte 10, 12, 14 und 16).

Aus diesem neu gemischten Kartensatz können Sie jetzt jede Karte in dem entsprechenden Bereich verwenden, in dem Ihre Kostbarkeit liegt, und überprüfen, ob z. B. das jeweilige Sha mit Problemen zusammenhängt, die Sie in diesem Bereich haben oder hatten. Normalerweise trifft das auf eine Karte bzw. einen bestimmten Bereich zu, manchmal müssen auch zwei Bereiche oder Räume, ganz selten drei oder noch mehr behandelt werden. Es ist empfehlenswert, das Ch'i einmal pro Woche zu überprüfen, als allgemeiner Check, so wie Sie Ihr Auto regelmäßig zur Inspektion bringen.

EIN BEISPIEL

Nehmen wir an, Ihr Haus liegt nach Südosten.

- Ihre Karten sind dann die 1, 3, 5 und 7 sowie 26, 28, 30 und 32.
- Jetzt gehen Sie durch die Neun Paläste und checken die einzelnen Bereiche. Dabei ist der Haupteingang – sei dies nun die Eingangstür, der Empfangsbereich Ihres Büros oder das Gartentor – immer

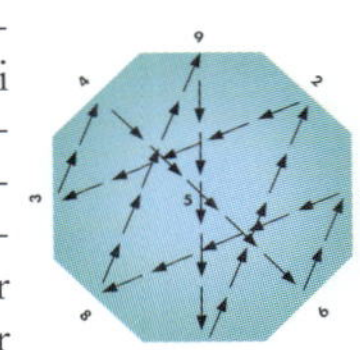

Wang Ts'ai, also der Bereich für Wohlstand und Ruhm. Das Diagramm auf Seite 13 hilft Ihnen, jeden Zweifel auszuräumen.

⊗ Nun testen Sie jeden Bereich und prüfen, ob eines der Heilmittel eingesetzt werden sollte. Wie geht es Ihnen mit der jeweiligen Kostbarkeit? Wenn Sie im täglichen Leben damit keine Probleme haben, gehen Sie zum nächsten Bereich. Halten Sie sich dabei so weit wie möglich an die richtige Reihenfolge (vgl. Seite 19). Setzen Sie das auf der jeweiligen Karte empfohlene Heilmittel ein.

So könnte es z. B. sein, daß Sie beim Überprüfen der Karte 30 – Lu, Bewegung, Frieden und Glück – feststellen, daß ein Großteil dieses Bereiches im Empfangsbereich Ihres Büros liegt, wo ein paar alte, harte Bürostühle stehen. Klar, daß Ihre Kunden auf diesen Stühlen nicht unbedingt zufrieden und glücklich sitzen, dafür sind die Stühle viel zu unbequem. Kaufen Sie ein gemütliches Sofa, damit sie sich entspannen können. Und setzen Sie wohltuendes *Licht* ein – eine schöne Lampe –, das die Entspannung noch verstärkt. Jetzt fehlen nur noch ein paar Firmenbroschüren, und – wer weiß – schon bald erhalten Sie einen großen Exportauftrag und jetten in der Welt herum – Bewegung also, soviel Sie sich nur wünschen.

Beim Gang durch die Neun Paläste wird die jeweilige Karte überprüft, und wenn Sie feststellen, daß etwas nicht in Ordnung ist, schauen Sie nach, welche Hilfe Ihnen die Karte bietet.

CH'I-PROBLEME

Inzwischen sollten Sie die Hauptregel für das Ch'i kennen: Es muß harmonisch in Bewegung bleiben. Gerade Linien und dunkle, versteckte Stellen, an denen Sie sich nicht um das Ch'i kümmern, sollten Sie vermeiden. Im Garten sollten Sie nicht lange, gerade Wege und flache, rechteckige Blumenbeete anlegen, sondern ihn mit Kurven und kleinen Teichen, Hügeln und Farbe ausstatten. Ihr Zuhause sollte voller Licht, Liebe und Harmonie sein. Ihre Probleme sind vielleicht darauf zurückzuführen, daß das Ch'i nicht frei fließen kann oder daß Ihr Zuhause nicht zu Ihrem Elementtyp paßt. Beides ist relativ einfach zu beheben.

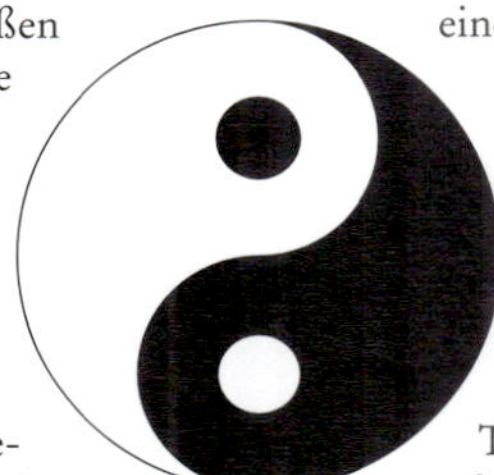

⊗ Zunächst müssen Sie Ihren Elementtyp bestimmen (vgl. Seite 22). Gerade Jahreszahlen sind **Yang**, ungerade **Yin**. Beim Yin-Typ eines bestimmten Elements stehen andere Qualitäten im Vordergrund als bei einem Yang-Typen.

⊗ Yin-Menschen sind eher intuitiv, empfänglich, weicher, dunkler und emotionaler veranlagt und mehr nach innen gerichtet. Yang-Typen dagegen sind in der Regel eher intellektuell, aktiv, stark, leicht, spirituell veranlagt und nach außen orientiert.

⊗ Jeder Typ hat sein eigenes Symbol, welches bei der Interpretation helfen kann:

- *Yin Wasser* – ein Fluß, *Yang Wasser* – das Meer;
- *Yin Feuer* – eine Kerzenflamme, *Yang Feuer* – die Sonne;
- *Yin Erde* – eine Höhle, *Yang Erde* – ein Berg;
- *Yin Metall* – eine Nadel, *Yang Metall* – eine Axt;
- *Yin Holz* – eine Weide, *Yang Holz* – eine Eiche.

Bestimmen Sie Ihr Element, und schauen Sie sich dann die entsprechende Karte bzw. den entsprechenden Bereich an. Jemand, der beispielsweise im Jahre 1967 geboren wurde, ist ein Yin-Feuer-Typ. Drei Karten beziehen sich auf dieses Element. Lesen Sie alle drei, und setzen Sie dann die empfohlenen Heilmittel im jeweiligen Bereich ein. Wenn ein Bereich von mehreren Personen genutzt wird, müssen Sie eventuell auch mehrere Karten ziehen, um diesen Bereich abzudecken.

Für die Fünf Elemente sind auch unterschiedliche Farben vorteilhaft. So tun dem Holz-Typen grüne Farbtöne gut, Wasser-Typen brauchen viel Blau, Erd-Typen blühen bei Grau und Gelb auf, Feuer-Typen brauchen Rottöne, und Metall-Typen profitieren von kräftigem Blau und Schwarz. Die traditionellen Feng-Shui-Farben sind Rot, Weiß, Gold und Schwarz, entsprechend den vier Haupthimmelsrichtungen. Mit diesen Farben sollen Ihre Spiritualität und Ihre Gesundheit, Ihre Beziehungen und Ihr Wohlstand gefördert werden.

PROBLEME MIT DEN KOSTBARKEITEN

Um sich um einen bestimmten Bereich zu kümmern, z. B. die Karriere oder eine kriselnde Beziehung, sollte die entsprechende Karte in bezug auf die gerade herrschende Jahreszeit herausgesucht werden. Frieden und Glück im Frühjahr entspräche dann Karte 8 – Lu. Was steht auf dieser Karte? Wie sieht das Heilmittel aus?

Oder nehmen wir an, es ist Herbst und Sie möchten den Bereich Reichtum und Geld unterstützen. Das wäre die Karte 12 – Chun. Lesen Sie sie, und unternehmen Sie die empfohlenen Schritte.

Sie könnten auch die acht Karten für jede Jahreszeit und jeden Bereich heraussuchen und Ihre Umgebung der Jahreszeit entsprechend immer wieder verändern. Dadurch haben Sie in Wohnung oder Büro das ganze Jahr über etwas Frisches und Neues. Am besten testen Sie die Wohnung achtmal pro Jahr: zu Anfang und Ende des Frühlings, im Früh- und Spätsommer, im Früh- und Spätherbst, zu Winteranfang und -ende. Die jahreszeitlichen Wechsel wirken sich auch auf uns aus, und unsere Umgebung sollte immer in Harmonie mit der Jahreszeit sein.

Zu jeder ausgewählten Karte sollten Sie auch noch die Gegenkarte heraussuchen und lesen: 1/32, 2/31, 3/30, 4/29, 5/28, 6/27, 7/26, 8/25, 9/24, 10/23, 11/22, 12/21, 13/20, 14/19, 15/18, 16/17.

EIN BEISPIEL

Nehmen wir einmal an, Sie sind ein Yang-Feuer-Typ (Jahrgang, der mit 6 endet) und haben berufliche Probleme. Das Büro liegt nach Norden. Die entsprechende Karte wäre 24 – K'un Ken, Mäßigung; die Kostbarkeit ist in diesem Fall T'ien Ch'ai – Kinder und Familie. Vielleicht arbeiten Sie so hart für Ihre Familie, daß für Sie und Ihre eigenen Bedürfnisse keine Zeit mehr bleibt? Oder steht vielleicht Ihr Schreibtisch in diesem Bereich, und Sie kümmern sich die meiste Zeit um die Probleme Ihrer jungen Mitarbeiter? (Jawohl, das sind Ihre »Kinder« im geschäftlichen Bereich!) Ebenso kann es sein, daß dieser Bereich in Ihrem Leben ganz fehlt. Dann wäre es vielleicht an der Zeit, eine Familie zu gründen und Ihrem Leben eine klare Ausrichtung zu geben.

Setzen Sie das Heilmittel ein, in diesem Fall *Stille*. Damit können Sie alles verändern, was Ihnen irgendwie »verkehrt« erscheint oder Ihnen Sorgen macht. Jeder muß für sich entscheiden, wie sich eine bestimmte Karte auf ihn auswirkt. Sobald Sie eine Karte aussuchen und mit Feng Shui den entsprechenden Bereich untersuchen, ist der erste positive Schritt in eine veränderte Zukunft getan. Beim Feng Shui geht es um Wandel, um Gleichgewicht und Harmonie im Leben, aber noch mehr um die persönliche Verantwortung dafür, wo und wie wir leben wollen.

Die vier Karten-Sets

ROTER PHÖNIX – SÜDEN

KARTE	JAHRESZEIT	HIMMELSRICHTUNG	ELEMENT	KOSTBARKEIT
1	Sommer	*Süden*	Feuer-Yin	*Wohlstand & Ruhm*
2	Sommer	*Südwesten*	Erde-Yang	*Reichtum & Geld*
3	Herbst	*Westen*	Holz-Yin	*Weisheit & Erfahrung*
4	Herbst	*Nordwesten*	Wasser-Yang	*Kinder & Familie*
5	Winter	*Norden*	Metall-Yin	*Beziehungen*
6	Winter	*Nordosten*	Feuer-Yang	*Neuanfang*
7	Frühling	*Osten*	Erde-Yin	*Lebenfreude & Genuß*
8	Frühling	*Südosten*	Holz-Yang	*Frieden & Glück*

WEISSER TIGER – WESTEN

KARTE	JAHRESZEIT	HIMMELSRICHTUNG	ELEMENT	KOSTBARKEIT
9	Sommer	*Süden*	Metall-Yin	*Lebensfreude & Genuß*
10	Sommer	*Südwesten*	Feuer-Yang	*Frieden & Glück*
11	Herbst	*Westen*	Erde-Yin	*Wohlstand & Ruhm*
12	Herbst	*Nordwesten*	Holz-Yang	*Reichtum & Geld*
13	Winter	*Norden*	Wasser-Yin	*Weisheit & Erfahrung*
14	Winter	*Nordosten*	Metall-Yang	*Kinder & Familie*
15	Frühling	*Osten*	Feuer-Yin	*Beziehungen*
16	Frühling	*Südosten*	Erde-Yang	*Neuanfang*